KB131948

거인들의 인생 법칙

MASTER MENTORS
by Scott Jeffrey Miller

거인들의 인생 법칙

1판 1쇄 인쇄 2023. 2. 15.
1판 1쇄 발행 2023. 2. 22.

지은이 스콧 밀러
옮긴이 김태훈

발행인 고세규
편집 임여진 **디자인** 박주희 **마케팅** 백선미 **홍보** 이한솔
발행처 김영사
등록 1979년 5월 17일(제406-2003-036호)
주소 경기도 파주시 문발로 197(문발동) 우편번호 10881
전화 마케팅부 031)955-3100, 편집부 031)955-3200 | **팩스** 031)955-3111

값은 뒤표지에 있습니다.
ISBN 978-89-349-4331-0 03190

좋은 독자가 좋은 책을 만듭니다.
김영사는 독자 여러분의 의견에 항상 귀 기울이고 있습니다.

홈페이지 www.gimmyoung.com   **블로그** blog.naver.com/gybook
인스타그램 instagram.com/gimmyoung   **이메일** bestbook@gimmyoung.com

세계 최고 멘토 30인의 마스터클래스

30인의 멘토
30개의 통찰

30
Master Mentors

스콧 밀러

김태훈 옮김

거인들의
인생 법칙

세스 고딘, 닉 부이치치, 스티븐 코비까지
오늘을 이끌어가는 '마스터 멘토'의 생각

주언규
PD
추천

드로우
앤드류
추천

여는글 거인의 연장통을 열다 · 6

6

여는 글

거인의 연장통을 열다

내가 나름 부러운 위치에 있다는 사실을 인정한다. 매주 나는
당신이 상상할 수 있는 가장 명민하고, 창의적이고, 올곧으며,
열성적인 사람을 만나서 한 시간 가까이 지혜를 구하는 기회
를 가졌다. 그들은 프랭클린코비사의 주간 〈스콧 밀러의 온
리더십On Leadership with Scott Miller〉 팟캐스트 시리즈에 게스
트로 출연했다. 나는 이 시리즈가 시작될 때부터 진행을 맡는
영광을 누렸다. 이 시리즈의 목표는 단순하다. 바로 세계적인
명성을 지닌 전문가를 초대하여 쉽게 소화할 수 있고, 시의적
이고, 유의미하며, 고무적인 팟캐스트 방송을 만드는 것이다.
덕분에 〈온 리더십〉은 전 세계에서 가장 청취자가 많고 빠르
게 성장하는 주간 리더십 팟캐스트가 되었다.

　〈온 리더십〉을 진행하고 게스트의 책을 읽는 경험은 종종
경외감과 겸손함을 안겼다. 솔직히 말하건대 각 게스트 및 그
들의 책과 함께 보낸 시간은 나의 직업적·개인적 삶을 심대

하게 바꿔놓았다. 그래서 그 경험에 바치는 오마주로서 이 책을 썼다. 나는 '마스터 멘토'라고 여기는 30명의 〈온 리더십〉 게스트를 선정했으며, 그들 각자로부터 얻은 혁신 통찰을 나눌 것이다. 이 통찰은 인터뷰에서 나온 경우가 많지만 그 이전이나 이후에 해당 멘토를 통해 얻은 경험에서 나온 경우도 있다.

어느 경우든 이 책에 마스터 멘토로 등장하는 사람들의 공통점은 〈온 리더십〉 팟캐스트 시리즈에 게스트로 출연했다는 것이다. 〈온 리더십〉을 구독하면 게스트가 인터뷰하는 동안 하나 이상의 통찰을 나눈다는 사실을 알게 될 것이다. 하지만 나는 이 책의 내용을 쉽게 소화할 수 있고, 실천할 수 있게 만들고 싶었다. 그래서 하나의 혁신 통찰만 골랐다. 전 기업 간부, 팀 리더, 사업가라는 직업적 역할을 배경 삼아 판단을 내린 경우도 있고 남편, 아빠, 동생, 아들, 친구라는 개인적 역할에 기반을 둔 경우도 있다.

앞으로 이 책의 장章들이 비슷한 형식을 갖추었지만 내용, 길이, 문체는 각각 다르다는 사실을 알게 될 것이다. 어떤 장은 더 길고, 어떤 장은 더 간결하다. 두어 장은 인터뷰 내용이 그대로 옮겨져 있기도 하다. 이런 선택은 별다른 의미가 없다. 나는 멘토마다 고유한 측면을 드러내면서도 하나의 흐름을 만들려고 최선을 다했다. 그 흐름이 이 책에 담긴 혁신 통찰을 삶에 적용할 수 있는 귀중한 통찰로 엮어주기를 바란다.

나는 폭넓은 경험과 난관, 통찰을 아우르기 위해 30명의 마스터 멘토를 선정했다. 그래서 공식적인 리더 역할을 맡은 사람뿐 아니라 스스로 리더가 되어 앞으로 나아가거나, 정체에서 벗어나거나, 새로운 아이디어와 사고방식에 마음을 열려고 노력하는 사람이라면 누구나 이 책에 공감할 것이다. 현재 당신이 처한 상황에 따라, 어떤 통찰은 심오한 영향을 미치는 반면 어떤 통찰은 이미 알고 있는 것을 상기시키는 쪽에 가까울 것이다. 어느 쪽이라도 괜찮다. 모두 혜택을 안기기 때문이다. 앞으로 접할 각 장의 경험과 구조가 얼마나 다양한지 감을 잡기 위해 몇 가지 사례를 들어보자.

- 닉 부이치치, 다 떠올리기조차 어려울 정도로 많은 책을 쓴 저술가: 이 장은 그가 손님으로 우리 집에 왔을 때 있었던 강력한 통찰의 순간을 조명한다. 그의 사례는 당신을 영원히 바꿔놓을 것이다.
- 스테퍼니 맥마흔, 월드레슬링엔터테인먼트WWE의 최고브랜드책임자: 이 장은 아주 좋았던, 그녀와의 인터뷰에서 나온 내용은 거의 언급하지 않는다. 그 대신 그녀가 출연하기 전까지의 이야기에 초점을 맞춘다.
- 킴 스콧, 《실리콘밸리의 팀장들》의 저자, 트렌트 셸턴, 《최고의 당신The Greatest You》의 저자: 이 두 장과 다른 장들 사이에는 근본적인 차이가 있다. 그래서 두 사람의 목소리나 뉘앙스를 하나도 놓치지 않도록 인터뷰 중 일부를 그대로 실었다.
- 스티븐 M. R. 코비, 《신뢰의 속도》의 저자: 이 장은 거의 25년

전에 내가 그에게서 배운 통찰과 리더십 기술에 초점을 맞춘다. 첫 팟캐스트 방송이 나오기도 훨씬 전이었다. **나의** 첫 팟캐스트 방송이 아니라 **사상** 첫 팟캐스트 방송 말이다.

이들은 이 첫 번째 책에 소개한 30명 중 5명에 불과하다. 100여 건의 인터뷰를 추리는 것은 쉬운 일이 아니었다. 두 번째, 세 번째, 네 번째 시리즈뿐 아니라 그 후속편이 계속 나와야 할 이유가 거기에 있다. 2032년에는 《거인들의 인생 법칙 12》가 나오기를 기대한다!

주요 혁신 통찰에 중점을 두고 그것이 당신의 삶에 남도록 돕기 위해 각 장의 끝에 그 내용을 정리해두었다. 또한 보다 깊은 생각과 원칙·관행의 수용을 촉진하기 위한 두어 가지 질문도 넣어두었다. 나는 이 마스터 멘토들을 내 삶의 일부로 만들었고, 당신도 그럴 수 있도록 초대하고자 한다. 부디 응해 주기를 바란다. 아마 이 책에서 소개하는 혁신 통찰 중에 당신의 삶을 근본적으로 개선할 잠재력을 지닌 통찰이 적어도 하나는 있을 것이다.

이들의 이야기를 읽는 일을 룰렛 휠에 나오는 37개의 숫자 모두에 베팅하는 것이라고 생각하라. 당신이 볼을 굴릴 의지만 있다면 당첨은 보장되어 있다.

감사하라

Gratitude

닉 부이치치   NICK VUJICIC

복음 전도자이자 비영리단체 '사지 없는 삶'의 대표. 선천적으로 두 팔과 두 다리가 없이 태어났지만 하고 싶은 일을 끊임없이 시도하고 해냈다. 호주에서 장애인으로는 처음으로 공립 중고등학교를 다니며 학생회장을 지냈고, 로건그리피스대학교에서 회계와 경영학을 전공했다. 19세 때 우연히 자신의 이야기를 나누기 시작해 지금까지 삶의 메시지를 전하고 있다.

앞으로 나올 장 중 다수는 내가 게스트의 책이나 팟캐스트 인터뷰에서 얻은 하나의 특정한 통찰을 소개한다. 닉 부이치치의 경우는 다르다. 닉에게서는 하나의 혁신 통찰만 얻은 게아니다. 그와 같은 자리에 있는 것 자체가 완전히 변혁적인경험이었다.

닉은 대부분의 게스트처럼 화상으로 우리 팟캐스트에 출연했다. 하지만 몇 주 후 유타주 솔트레이크시티에 있는 우리집에 몸소 방문했다. 텍사스에 사는 그는 캘리포니아로 가는도중에 우리 가족 및 친구와 같이 일종의 저녁 만찬을 즐겼다. 소셜미디어 플랫폼을 통해 나와 연결되거나 혹시 나를 팔로우하고 있다면, 우리 가족이 전통에 따라 매달 만찬을 연다는 사실을 알 것이다. 우리는 그 자리에 특별한 평판을 지닌사람과 15명 정도의 지역 친구를 초대한다. 매달 나는 지역기업계 및 지역사회 리더, 교육자, 친구, 전문가 동료 등을 귀빈과 한자리에 모아서 몇 시간 동안 음식을 먹으며 대화를 나눈다. 이 모임은 초대받은 손님뿐 아니라 10세, 8세, 6세인 우리 세 아들에게도 인상적인 경험이었다. 이들은 연예인과 정부 리더 그리고 고유한 방식으로 인상적인 업적을 쌓았거나실로 대단한 일을 이룬 사람들을 만났으며 흥미로운 대화를참관했다.

우리는 유명 음악인, 배우, 작가, 정치인을 손님으로 모셨다. 근래에 온 손님으로는 전 유타 주지사이자 대사인 존 헌츠먼이 있다. 그는 2012년에 공화당 대선후보로 출마했으며,

오바마와 트럼프 행정부에서 중국 대사 및 러시아 대사를 지냈다. 그날의 만찬에서 그가 외교관으로 보낸 삶에 대해 이야기하는 동안 모두가 숨죽여 들었다. 이처럼 매달 다른 손님이 실로 인상적인 통찰을 나눠준다.

닉 부이치치가 참석한 만찬은 심지어 더 이목을 집중시켰다.

우선 닉이 수족, 그러니까 팔다리가 없다는 사실을 알아둘 또는 상기할 필요가 있다. 그는 호주 멜버른에서 머리, 목, 상체 그리고 허리 부분에 달려서 몸을 조금 움직이게 해주는 작은 발 같은 부속 부위만 가진 상태로 태어났다. 그의 '발'은 몸을 세울 수 있도록 해주며, 문자메시지를 보내거나 글자를 입력할 수 있도록 해준다. 그는 도움을 받지 않으면 먹거나 마실 수 없다. 옷을 입거나, 화장실을 쓰거나, 샤워를 하거나, 심지어 코를 긁을 수도 없다. 일반적인 신체를 가진 사람은 누구도 그의 신체적 한계에 공감하지 못한다. 아마 신체적 장애를 가진 대다수 사람도 그다지 공감하지 못할 것이다.

닉은 신체적 난관을 자신이 만나는 모든 사람을 북돋아주는 브랜드로 만들었다. 또한 삶의 여정, 끈기, 신앙 그리고 그를 대규모 관중을 상대하는 세계적인 강연자로 만든 리더십에 대해 수많은 책을 썼다. 그는 내게 동유럽에서 80만 명을 상대로 했던 강연이 역대 최대 규모였다고 말했다. 상상이 가는가? 나는 7,000명 앞에서 강연하면서 스스로 대단하다고 생각했다!

닉 부이치치는 모든 측면에서 대단하다. 대다수 사람은 그의 신체적 한계에도 공감할 수 없겠지만, 그의 영향력과 유명세 그리고 강연을 해달라거나 브랜드를 대표해달라고 요청하는 기업, 비영리단체, 정부 기관 들이 끊임없이 제공하는 기회에도 공감할 수 없다. 닉은 우리 집 소파에서 가볍게 이야기를 나누며 "좋은 삶이에요, 스콧"이라고 고백했다. 사실 나는 그의 말에 담긴 아이러니를 놓치지 않았다. 그러나 그의 메시지와 유산의 핵심은 그에게 팔, 손, 다리, 발이 없다는 게 아니었다. 핵심은 그의 감사하는 정신적 태도였다. 이것이 내가 조명하고 싶은 혁신 통찰이다.

닉의 삶은 자신이 가진 모든 것에 대한 감사로 가득하다. 그는 지난 일이 아니라 앞으로 일어날 일, 놓치거나 잃어버린 것이 아니라 지금 그리고 다음에 일어날 일에만 집중한다. 그는 프랭클린코비의 공동 설립자인 스티븐 R. 코비 박사가 말한 '풍요의 심리abundance mentality'를 보여주는 모범이다. 실제로 닉과 같이 있으면 그 마음가짐이 전염된다. 자신의 문제가 얼마나 사소한 것인지 생각하면서 부끄러움을 느끼게 된다. 하지만 나는 우리 집에 닉이 왔을 때 정반대의 감정을 느꼈다. 나를 압

> 닉의 삶은 자신이 가진 모든 것에 대한 감사로 가득하다. 그는 지난 일이 아니라 앞으로 일어날 일, 놓치거나 잃어버린 것이 아니라 지금 그리고 다음에 일어날 일에만 집중한다.

14

도하는 벅찬 감사의 마음이었다. 지금부터 그 이야기를 들려
주겠다.

닉은 우리 집에 있는 보라색 벨벳 소파 중 하나에 앉아 있
었다. 이 소파는 내가 찍은 많은 영상에서 눈에 띄는 소품이
었다. 나는 닉의 맞은편에, 내 아내인 스테퍼니는 닉 옆에 앉
아 있었다. 우리는 월례 만찬의 다른 손님들이 도착하기 전에
잡담을 나누었다. 닉이 이런저런 사업 기회에 대해 이야기하
는 동안 나는 그의 몸을 바라보면서 생각에 빠졌다. 사실 나
는 닉과 같이 있어도 어색하지 않을 만큼 그를 잘 안다. 게다
가 닉은 모든 사람을 만나자마자 편하게 해주는 놀라운 능력
이 있다. 하지만 나는 아마도 평생 처음으로 내 손과 손가락
에 실로 감사함을 느꼈다.

나는 커피테이블에 놓인 유리잔을 무의식적으로 들어서
물을 마시다가 손과 손가락의 존재를 인식했다. 목이 마른 건
맞았지만, 모든 동작은 반사적으로 이뤄졌다. 생각조차 하지
않았다. 그저 너무나 자연스럽게, 목이 마르니까 물을 마신다
는 식이었다. 아무런 노력도 할 필요가 없었다.

닉이 물을 마시기 위해 얼마나 엄청난 노력을 기울여야 하
는지 굳이 설명해야 할까? 설령 목숨이 걸린 상황이라 해도
그가 혼자서 물을 마실 수 있을지 확실치 않다. 적어도 우리
집에서는 안 될 것이다.

그때의 통찰을 제대로 묘사하려면 그 순간에야, 내 손에 들
린 유리잔을 내려다보았을 때에야 감사가 무엇인지 온전히

이해했다고 말해야 할지도 모르겠다. 뒤이어 나는 잔을 내려 놓으면서 내가 안일하게 여겼던 모든 것을 생각했다. 두 팔과 그것들이 해주는 모든 일, 두 다리와 그것들이 내게 제공하는 이동성을 말이다. 이 말이 멍청하게 들릴 수도 있겠지만 지금 나는 내 안에서 새롭게 발견한 감사의 마음을 전하기 위해 진심으로 글을 쓰고 있다.

　잠시 후 초인종이 울렸다. 나는 아무 생각 없이 일어서서 문으로 가 손님을 맞았다. 나 자신의 두 다리와 발로 걸어갔다…. 약 90분 후, 우리는 밖에서 디저트를 먹으며 닉의 황당하고 낯뜨거운 여행담을 들었다. 그때 나는 다시 내 손에 대해 생각했다. 나는 아래를 내려다보았다. 그리고 내가 작은 디저트 접시를 들고 포크로 키 라임 파이 조각을 자르고 있다는 사실을 인식했다. 닉을 건너다보았다. 그가 의자에서 계속 상체의 균형을 잡는 모습이 보였다. 그동안 나는 아무 생각 없이 파이를 먹고 있었다. 디저트 접시를 집어서 손에 든 기억조차 나지 않았다.

　이제 내가 무슨 말을 하려는지 알았을 것이다. 당연히 모든 동작을 할 때마다 그런 건 아니지만 닉과 거실에 앉아서, 뒤이어 만찬을 먹으며 시간을 보낸 이후 나는 평생 전적으로 당연시하던 것, 내 손과 손가락에 대한 고마움을 절실하게 느꼈다. 나는 물을 마실 수 있다. 닉은 그렇게 하지 못한다. 나는 포크로 키 라임 파이를 자를 수 있다. 닉은 그렇게 하지 못한다. 나는 의자에서 넘어져도 몸을 가눌 수 있다. 닉은 그렇게 하지 못한다. 닉이 도대체 어떻게 생활하는지 궁금할 것이다. 닉은 대단히 수완이 좋기도 하고, 무엇보다 상근 동반자로서 모든 수발을 보이지 않게 들어주는 지오바니와 함께 여행한다. 지오바니는 영웅으로 불릴 자격이 있다.

이 장을 마무리하기 위해 말하자면 닉의 삶은 프랭클린코비의 공동 설립자이자 유명한 프랭클린 플래너의 개발자 하이럼 스미스가 했던 유명한 말을 상기시킨다. "하지 않으면 안 된다. 하는 게 옳다. 할 수 있어서 다행이다." 요컨대 하이럼은 우리가 삶에서 선택할 수 있는 3가지 마음가짐을 제시했다. 우리 모두가 매일 하는 잡다한 일을 통해 예를 들어보자.

"쓰레기를 버리지 **않으면 안 돼**."

"쓰레기를 버리는 게 **옳아**."

"쓰레기를 버릴 수 있어서 **다행이야**."

영하 10도의 날씨에 눈과 바람이 휘몰아치고, 우리 집 쓰레기통을 놔둔 인도가 얼음으로 덮이는 솔트레이크시티의 겨울 저녁에, 나는 닉을 떠올린다. 그리고 이렇게 생각한다. '쓰레기를 버릴 수 있어서 다행이야.' 아마도 닉은 같은 일을 할 기회를 반길 것이다. 그리고 감사하는 마음을 넘치도록 보여주며 살아 있는 모범이 되어준 닉 덕분에 이제는 나도 그렇다고 말할 수 있다.

통찰 ──────────────────────────────◢

당연하게 여기는 사소한 일(실제로는 중대할 수도 있는 일)의 소중함을 인식하고 삶의 모든 영역에서 꾸준히 감사하는 마음을 가져라.

질문 ──────────────────────────────◢

당신의 삶에서 감사하는 마음으로 "하지 않으면 안 된다"나 "하는 게 옳다"를 "할 수 있어서 다행이다"로 바꾸려면 무엇이 필요할까?

2

태도가 곧 브랜드다

Your Brand Is
How You Show Up

스테퍼니 맥마흔   STEPHANIE MCMAHON

세계 최대 프로레슬링 회사 WWE의 회장 겸 공동 CEO. WWE 창립자 빈스 맥마흔의 딸로서 10대 때부터 WWE에서 일하기 시작했고, 확고한 캐릭터를 가진 프로레슬링 선수이자 열정적인 기업가로서 WWE가 남자들만의 세계가 아님을 증명했다. 회장으로 취임하기 전에는 최고 브랜드책임자로 근무하면서 다양한 분야에서 WWE 브랜드를 성장시켜왔다.

팬데믹 이전에 나는 여행을 다니며 강연하고 저술가로서 화려한 삶을 살았다. 대개 낮에는 콘퍼런스 같은 데서 강연을 하고 뒤이어 조별 토의를 한 다음, 다른 클라이언트와 만났다. 무대에서 온종일 모든 것을 쏟아내고 나면 관광을 다니고 싶은 마음은 싹 사라지고 완전히 지친 상태로 호텔에 돌아온다. 텔레비전 시청과 룸서비스 주문이 습관이 된다.

　그날 저녁 텔레비전에서 〈언더커버 보스: 유명인 특집〉이 막 시작되고 있었다. 이번 회의 '보스'는 월드레슬링엔터테인먼트WWE의 유명인인 스테퍼니 맥마흔이었다. 엉뚱하면서도 흥미로워 보였다. 이 프로그램은 CEO나 창립자 또는 다른 고위 리더가 종종 신입 사원으로 신분을 숨기고 일선 직원을 만나는 리얼리티 쇼다. 그들은 직원이 일하는 동안 부딪히는 난관을 가까운 거리에서 접할 기회를 얻는다. 직원이 감정을 자극하고 심지어 마음을 아프게 하는 개인적인 문제를 털어놓는 경우도 많다. 스테퍼니는 직원을 진정으로 아끼는 인정 많고 공감할 줄 아는 임원의 역할을 맡았다. "역할을 맡았다"라는 표현을 쓴 이유는 내가 아는 건 그녀가 WWE의 슈퍼스타로서 드러낸 요란한 모습뿐이었기 때문이다. 그러나 결국 나는 방송을 보다가 울고 말았다(분명 당신도 울 것이다). 우리는 바로 다음 날 그녀를 〈온 리더십〉의 게스트로 초청했다.

　나는 레슬링 팬이 아니다. 그래서 WWE의 인기를 잘 모른다. 그래도 맥마흔이라는 이름은 들어본 적이 있다. 빈스 맥마흔은 오락 산업의 대기업인 WWE의 창립자이자 간판이다. (지금은 헤어진) 그의 부인 린다 맥마흔은 WWE의 의장 겸 CEO 출신으로서 상원의원에 두 번 출마했고, 중소기업청장을 지냈다. 요컨대 맥마흔 가문은 사업을, 정확하게는 10억 달러짜리 사업을 운영하는 법을 안다.

솔직히 나는 두 사람의 딸인 스테퍼니를 잘 몰랐다. 그녀가 유명 레슬러와 결혼했고, 레슬링 경기뿐 아니라 엄청난 인기를 끈, 레슬링 주제의 텔레비전 시리즈에 출연했다는 사실 정도만 알았다. 알고 보니 그녀는 슈퍼스타이자 레슬링의 악역일 뿐 아니라 WWE의 리더십과 문화에 인상적인 수준으로 헌신한 최고브랜드책임자였다. 이는 다소 놀라운 사실이었다.

스테퍼니를 구글이나 유튜브에서 검색하거나, 지난 20년 동안 방송된 WWE 경기를 보면 그 이유를 알 수 있다. 그녀는 사람보다 이익을 앞세우고, 자신이 원하는 걸 얻기 위해 '소시민' 노동자를 이용하는 사악한 기업 거물이라는 거대하고 성공적인 개인 브랜드를 구축했다. WWE는 하나의 오락 사업이다. 그래서 나는 이런 설정을 있는 그대로 받아들이지 않는다. 하지만 그토록 설득력 있는 연기가 실제와 크게 다르지 않을 거라고 생각할 수도 있다. 이는 무리한 가정이 아니다. 수많은 할리우드 영화를 살펴보면 내 말이 무슨 뜻인지 알 것이다.

나의 추측이 맞았을까? 전혀 아니다. 지금부터 왜 그런지 설명하겠다.

스테퍼니는 브랜드에 대한 전문적인 지식으로 나를 사로

잡았다. 당시 나는 프랭클린코비에서 최고마케팅책임자로 7년의 재직 기간을 막 끝낸 참이었는데도 말이다. 두 조직은 공통점이 거의 없다고 생각할 수도 있다. 그렇다면 당신의 조직이 어떤지 떠올려보라. 유별난 성격을 지닌 몇몇 인물, 혁신의 링에서 최고의 아이디어를 놓고 벌이는 다툼, 화려하고 요란한 마케팅, 관중석에서 보내는 문화적 환호와 야유. 그렇다. 당신의 조직은 생각보다 훨씬 WWE와 공통점이 많다. 스테퍼니가 WWE에서 리더이자 문화 구축자로서 쌓은 경험은 우리가 프랭클린코비에서 가르치는 내용의 탁월한 모범이라고 봐도 무방하다.

　스테퍼니 같은 최고브랜드책임자가 마케팅이나 브랜드에 대해 전하는 통찰을 나누는 일에 이 장을 할애할 수도 있다. 사실 그녀를 게스트로 초대한 의도가 그것이었다. WWE에 대해 더 많이 공부하면서 나는 그들이 온라인(10억 명이 넘는 팔로워)과 라이브 및 유료 시청 경기(〈레슬마니아〉 경기는 10만 명이 넘는 관중을 꾸준히 끌어모은다)에서 견줄 데 없는 팬 충성도를 구축했다는 사실을 알았다. 현재 WWE는 게임, 팟캐스트, 영화 사업까지 벌이고 있다. 그들은 어떻게 '핵심 사업을 핵심 사업으로' 유지하는 동시에 〈하버드 비즈니스 리뷰〉에 사례연구로 실릴 만한 사업다각화를 이루는 데 성공한 걸까? 그녀에게 논문을 같이 쓰자고 제안해봐야겠다(그녀한테는 굳이 내가 필요없겠지만 말이다).

　그러나 나는 방송 인터뷰에서 드러난 통찰을 전하는 대신

방송이 시작되기 **전에** 스테퍼니가 한 말과 행동을 전하고자
한다. 솔직히 나는 처음에 스테퍼니의 슈퍼스타 캐릭터가 전
적으로 허구인지 조금 궁금했다. 그녀가 인터뷰에 늦었기 때
문이다. 그녀의 팀은 제시간에 로그인하여 그녀가 약간 늦을
것 같다고 정중하게 말했다. 그녀가 유명인이자 기업의 최고
임원이기는 하다. 하지만 우리는 매주 대스타를 인터뷰하며,
퓰리처상 수상 작가부터 4성 장군까지 모두가 시간을 지킨다.
우리 역시 제시간에 방송을 시작한다. 당연하다. 우리는 세계
적인 생산성 전문가 집단인 프랭클린코비다. 10분쯤 지난 후
우리는 불안해하기 시작했다. 나를 비롯한 모든 제작 스태프
는 프랭클린코비에서 맡은 직무가 있다. 우리는 빡빡하게 잡
힌 일정 사이사이에 팟캐스트를 녹화한다.

　마침내 스테퍼니가 등장했다. 그녀는 회의가 길어졌다며
당연히 사과했다. 이해할 만한 사정이었다. 그러나 그다음에
일어난 일은 내가 이 책을 쓰게 한 주요한 동기 중 하나가 되
었다. 할머니들이 자주 말하는 대로 "때로는 아주 작은 일이
가장 중요한 일이다." 맞다. 스테퍼니는 자리를 잡고 인터뷰
에 집중하기 시작했다. 나는 **우리**에게 온전히 주의를 기울이
는 그녀의 모습에 놀랐다. 그녀는 슈퍼스타의 역할을 연기하
는 데 익숙하다. 하지만 그녀가 나와 보낸 시간은 완전히 정
반대였다. 그녀는 자신에 대해 전혀 이야기하지 않았다. 그 대
신 **우리의** 필요, **우리의** 방송, **우리의** 청중에 초점을 맞추었
다. 그녀는 자신이 사무실 어디에 앉으면 좋겠는지, 조명과 음

> 그녀는 자신에 대해 전혀 이야기하지 않았다. 그 대신 **우리의** 필요, **우리의** 방송, **우리의** 청중에 초점을 맞추었다.

향이 괜찮은지 물었다. 또한 청취자와 시청자의 특성을 세심하게 파악한 다음 좋은 방송이 되도록 눈에 띄게 신경 썼다. 우리 게스트들은 모두 예의 바른 모습을 보인다. 하지만 스테퍼니는 달랐다. 그녀는 당당했으며, **우리**에게 중요한 것에 명확하게 관심을 두고 초점을 맞추었다.

내 기억이 맞다면 그녀의 팀은 인터뷰를 진행하기 위해 태블릿을 썼다. 그렇게 이상적이지는 않지만 드문 일도 아니었다. 그녀는 적절한 자리를 잡으려고 태블릿을 이리저리 놓아보다가 연결 문제를 겪은 후 쓰지 않는 게 좋을 것 같다고 인정했다. 그리고 직접 노트북을 찾아서 로그인을 한 다음 완벽한 자리에 놓아주었다. 이런 재조정을 하는 데만 5분이 더 걸렸다. 그녀의 바쁜 일과와 수많은 할일을 생각하면 적지 않은 시간 투자였다. 또한 청취자나 시청자는 알 수 없지만 내 마음에는 인상적으로 남은 다른 작은 배려도 해주었다.

녹화를 시작하기 전에 스테퍼니가 보인 태도는 매우 인상적이었다. 이후 나는 텔레비전, 라디오, 팟캐스트 인터뷰를 하거나 강연을 할 때 나 자신의 마음가짐과 관행에 그 교훈을 반영하기 위해 애썼다. 약간의 인정이나 명성이 가장 오만한 사람을 겸손하게 만들 수 있다. 여기서 말하는 **사람**은 바로

나다.

나는 스테퍼니가 보인 집중력, 즉 늦었거나 잘 보이고 싶었기 때문이 아니라 **우리**를 위해 출연했기 때문에 보인 그 집중력을 언제나 기억할 것이다. 조직 및 브랜드에 대한 모든 통찰을 넘어서 그녀가 우리 방송을 존중한 방식은 개인적 브랜드에 대한 나 자신의 패러다임을 바꿔놓았다. 나는 〈언더커버 보스〉에서 보인 스테퍼니의 모습이 실제 모습과 같다는 사실을 깨달았다. 인터뷰 이후에도 그녀와 그녀의 팀은 협조적인 태도로 우리를 기쁘게 해주었다. 나는 여기에 소개한 다른 마스터 멘토들을 아는 것만큼 스테퍼니를 잘 알지는 못한다. 하지만 나는 지금도 그녀의 팬이다.

나의 팬심은 정반대의 인물을 만난 후 더욱 깊어졌다.

근래에 나는 사회자 역할을 맡은 다른 시리즈를 위해 한 저자를 인터뷰했다. 그녀의 책은 특정 부문에서 아주 잘 팔렸다. 그러나 그녀의 인지도와 영향력 그리고 명성은 스테퍼니 맥마흔에 비하면 솔직히 초라한 수준이었다. 그럼에도 그녀는 스태프들에게 무례하게 굴었고, 장비에 문제가 생기자 짜증을 부렸으며, 마치 디바처럼 굴었다. 내가 창피할 지경이었다. 그녀는 다른 사람을 대하는 태도가 자신의 브랜드를 파괴한다는 사실을 전혀 모르고 있었다. 녹화하는 내내 어쩔 수 없이 스테퍼니가 생각났다. 그녀는 정상급 유명인인데도 최대한 겸손하게 행동했다. 반면 문제의 저자는 유명인도 아니면서 온 세상이 자신을 유명인으로 대해주기를 기대했다.

스테퍼니는 기업 및 제품 브랜드 분야의 전문가로서 내게 귀중한 교훈을 가르쳤다. 그것은 개인적 브랜드에 대한, 그리고 언제나 온전하고 참된 모습을 보이면서 진실되게 평판을 관리하는 일의 가치에 대한 교훈이었다. 그녀가 그날(그리고 이후로) 보여준 대로 **본모습**과 **행동**이 우아하게 일치할 때 개인적 브랜드가 모두에게 명확하게 드러나며, 모두가 동경하는 대상이 된다.

통찰

당신이 카메라에 찍히지 않을 때조차 카메라는 돌아가고 있다. 다른 사람들에게 보이는 모습과 행동이 곧 당신의 브랜드다.

질문

리더 역할을 하면서 당신이 보이는 모습에서 설정된 '캐릭터'는 어느 정도인가? 당신은 다른 사람과 외부에 초점을 맞추는 게 아니라 자신과 내부에 초점을 맞추어 동기를 얻는가?

3

취약성을 드러내라

Vulnerability

데이브 홀리스   DAVE HOLLIS

〈뉴욕타임스〉 베스트셀러 작가, 기조 연설자,
인생 및 비즈니스 코치. 월트디즈니컴퍼니의
영화 스튜디오 영업 사장으로서 미디어와 엔
터테인먼트 부문에서 탄탄한 경력을 쌓다가
전 부인 레이첼 홀리스와 홀리스컴퍼니를 세
우고 공동 CEO로서 이 신생 브랜드를 성공적
으로 키워냈다. 현재 인기 팟캐스트 〈라이즈
투게더〉 진행자로 활동하고 있다.

나는 리더십 개발 및 성과 개선 부문에서 30년 동안 일했고, 사람들의 예상대로 몇 가지 기술을 익혔다. 거기에는 2가지 통찰을 하나의 장에 합치는 기술도 포함된다. 이 장에서 그 기술을 구사할 것이다.

　나는 지금까지 말 그대로 수천 권의 비즈니스 및 리더십 도서를 읽은 데 더하여 수백 명의 직원을 이끌며 직접 경험을 쌓았다. 이를 바탕으로 내가 생각하기에 리더에게 요구되는 3대 역량과 기여를 파악하고 순위를 매겼다. 전문적 기술과 '사업을 운영하는' 능력은 (둘 다 중요하지만) 잠시 제쳐두도록 하자. 이외에 내가 정한 3대 요소는 자신보다 유능한 사람을 채용해서 유지하고, 직원에게 맹점과 성장 영역에 대한 피드백을 제공하며, 취약성을 드러내는 것이다. 데이브 홀리스는 이 3대 측면에 모두 뛰어난 사람일 것이다. 하지만 그를 마스터 멘토로 만든 것은 취약성을 드러내며 보인 그의 모범적 태도다.

　유명한 연구 교수이자 수치심 및 용기에 대한 전문가인 브레네 브라운은 취약성을 약점에서 강점으로 바꾸는 것을 유행시킨, 또는 적어도 그렇게 해도 괜찮게 만든 장본인이다. 나는 이 강점을 데이브보다 잘 드러낸 사람을 보지 못했다. 데이브는 전 부인 레이첼 홀리스의 브랜드가 거둔 성공을 토대로 조직을 구축하는 일 말고도 많은 기여를 했다. 두 사람은 텍사스주 오스틴에서 일하는 대단히 유능한 팀의 도움을 받아 수백만 명의 사람과 함께 사업의 추진력을 쌓아나갔다. 거기에는 책을 산 사람, 행사에 참석한 사람, 블로그와 소셜미디어 포스트를 구독한 사람, 온라인 코칭 코스에 등록한 사람, 파생 제품 및 도구를 구매한 사람이 포함되었다. 내가 보기에 이 팀보다 빠르게 파급력 있는 브랜드를 구축한 팀은 없었다. 그들은 독특한 접근법으로 이 일을 해냈다. 대단히 취약했으며, 모두가 그들의 고생에 공감하고 거기서 교훈을 얻을 수 있도록 했다. 이 진정한 개방성과 접근 가능성은 나를 그들의 팬만이 아니라 추종자이자 홍보요원으로 만들었다.

특히 다른 사람들을 가르치기 위해 공개된 삶을 살아가려면 얼마나 많은 용기가 필요할지 상상해보라. 내가 순진하다고 섣불리 딱지를 붙이지 말기 바란다. 나는 브라보 TV의 〈진짜 주부들〉 시리즈에 출연하는 일과 레이첼, 데이브가 한 일이 다르다는 것을 잘 안다. 구체적으로 말하자면 이 둘은 비교할 구석이 하나도 없다. 나는 데이브와 개인적으로 가까워지면서 더욱 겸손해졌다. 또한 내 문제를 털어놓고 투명하게 취약성을 드러내어 얻는 관대한 반응을 좀 더 자신 있게 활용하게 되었다. 나는 심리치료사가 아니다. 하지만 나의 심리치료사는 내가 올바른 방향으로 나아가고 있다고 말한다. 나는 데이브의 첫 책인 《혼자만의 길에서 벗어나라Get Out of Your Own Way》를 읽은 후 나의 승리와 (승리보다 많은) 패배를 좀 더 당당한 자세로 나누게 되었다. 나 자신의 취약성을 통해 다른 사람들이 교훈을 얻기를 바란다.

데이브의 여정에서 내가 가장 좋아하는 통찰은 레이첼이

보낸 이메일에서 나왔다. 그녀는 데이브가 그들의 회사인 홀리스컴퍼니The Hollis Company의 리더로서 재직 기간의 절반을 지났을 때 이 이메일을 보냈다. 자세한 내용은 잠시 후에 들려주도록 하겠다.

데이브는 홀리스컴퍼니의 대표가 되기 전에 오락 산업에서 수십 년에 걸쳐 대단히 성공적인 경력을 쌓았다. 그의 요란한 성격에도 불구하고 나는 이전에 그의 이름을 들어본 적이 없었다. 월트디즈니컴퍼니에서 임원급 리더로 일하던 데이브는(나도 경력 초반에 4년간 그곳에서 일했다) 전 세계에 영화를 배급하는 대규모 사업부를 이끌었다. 디즈니 같은 대기업에서 일했으니 분명 엄청난 예산과 영향력을 휘두르고 심지어 수많은 직원을 좌지우지했을 것이다. 직원들은 그의 비전, 전략, 결정을 실행에 옮겼을 것이다. 디즈니는 다면적 조직이다. 그러나 영화가 모든 것을 이끈다. 그 대상은 놀이공원의 탈것, 핼러윈 복장, 텔레비전 파생작, 봉제 장난감, 액션 피겨, 레스토랑과의 마케팅 계약 등 끝이 없다. 영화는 모든 브랜드 확장에 필수적인 요소다. 데이브는 분명 그 사실을 알며, 좋아했을 것이다. 안 그럴 사람이 있을까?

하지만 데이브는 오직 그와 레이첼만 아는 이유로 그곳을 떠났다. 그가 옮겨간 곳은 텍사스주 오스틴에 있는 옛 교회 건물이었다. 이 건물에서 작지만 급성장하는 팀이 일했다. 나는 그들의 첫 공식 임직원 노변정담Fireside Chat•에 참석하는 영

● 난롯가에서 한가롭게 나누는 이야기로, 미국의 루스벨트 대통령이 라디오 프로그램으로 국민과 소통했던 방식(이하 추가 내용은 모두 옮긴이 주).

광을 누렸다. 그리고 그들의 비전이 현실이 되는 광경을 지켜 보며 놀라움 속에 오전을 보냈다. 나는 쉽게 감탄하는 사람이 아니다. 하지만 홀리스컴퍼니는 진정한 스타트업이었다. 그들 은 2년이 채 못 되어 시속 0킬로미터에서 시속 300킬로미터 로 달려갔다.

내가 방문할 당시에는 직원이 50명도 되지 않았다. 그 무 렵 레이첼이 데이브에게 앞서 말한 이메일을 보냈다. 그것은 회사의 창립자이자 아내가 전에는 그녀의 회사였으나 지금은 합자회사의 CEO이자 남편에게 보내는 이메일이었다. 혼란 스러운가? 그냥 두 사람의 역할 분담은 나와 내 아내의 역할 분담만큼 단순하지 않다고만 말해두자. 나는 돈을 벌고, 아내 는 돈을 관리한다("아내는 돈을 쓴다"라고 말할 줄 알았는가? 부끄러 운 줄 아시라). 우리 부부는 단순하고 명확한 권력의 균형을 이 루고 있다. 그렇다면 홀리스 부부는 어땠을까? 아마 별로 그 렇지 않았을 것이다. 대단히 유능하고 직업적 열의가 강한 두 배우자가 같이 일하고 있었으니 말이다.

하여간 레이첼은 데이브에게 이메일을 보냈다. 내 생각에 이메일은 주의를 분산시키는 감정적 요소와 전달 방식의 문 제를 최소화하고, 의도한 메시지를 같이 일하는 배우자나 다 른 동업자에게 전하는 명민한 수단이다. 그 내용은 대략 "데 이브, 우리 회사에 들어온 걸 환영해. 그리고 정신 차려. 당신 은 아직도 버뱅크 오피스 타워의 17층에 있는 것처럼 회사를 이끌려 하고 있어. 아니거든! 우리 회사 건물은 1층밖에 없고 직원은 50명뿐이야. 이제 안전한 중역실에서 내려와 참호로 들어가야 할 때야"였다.

　이 내용은 약간 창의적 요소를 가미한 것이다. 전체 이야기를 알고 싶다면 데이브의 책을 보면 된다. 내가 이 이메일에서 얻은 교훈은 심대했다. 레이첼은 데이브가 게으르거나, 무능하거나, 홀리스컴퍼니로 불리는 이 로켓선을 확장하고 조종하는 데 필요한 전략적 기술이 없다고 말하지 않았다. 그 대신 새로운 역할에 따른 새로운 현실을 깨달아야 한다고 말했다. 디즈니에서 익숙해진 여건과는 다른 여건에 맞춰서 조정하고, 재설정하고, 재연결해야 한다고 말했다. 이제는 비서도, 거액의 경비도, 여러 직급의 리더도 없었다. 데이브는 팀과 3미터 떨어진 곳에서 일했다. 그는 같은 층에서 팀을 이끌어야 했다. 그들의 일상적 과제와 난관을 이해해야 했다. 그리고 비유하자면(혹은 어떤 날은 실제로) 소매를 걷고, 사업을 '관리'하는 것이 아니라 '운영'해야 했다.

　조직에서 위로 올라가는 많은 사람에게 이 조언은 반직관적일 수 있다. 더 높은 층으로 올라가고, 더 큰 조직적 책임을 지게 되면 일상적인 부산함을 뒤로하고 보다 전략적이면서 의도적인 관점을 취할 필요가 분명히 있다. 그렇게 하라는 것이 타당한 조언이다. 다만 항상 그런 것은 아니다. 데이브(그리고 많은 창업자와 하급 리더)의 경우 조직의 하부로 내려가야 할 때가 있다. 그것은 부끄러운 일이 아니다. 분명 리처드 브랜슨(버진그룹), 빌 메리엇(메리어트 호텔), 아리아나 허핑턴(《허프포스트), 스라이브글로벌) 그리고 그들과 같은 위상을 지닌 다른 사람들도 회사의 정신과 계속 연결되어 있어야 할 필요성에 대해 비슷한 이야기를 들려줄 것이다. 이 사실은 프랭클린코비의 영업 성과 리더인 랜디 일리그가 한 말 중에서 내가 가장 좋아하는 말을 상기시킨다. "우리는 20년에 걸친 경험을 지녔다고 말하지만 실은 1년의 경험을 19번 반복한 경우가 많다." 실제로 효과성을 유지하는 최선의 방법은 팀원의 문제, 과제, 기회, 현실과 최대한 가까이 머무는 것이다.

그렇다면 취약성에 대한 이야기는 어디서 등장하는 걸까? 데이브는 레이첼의 이메일을 보관함에 넣어두고 그날 밤 저녁을 먹으며 어색한 대화를 나눌 수도 있었다. 그러나 그는 그 이메일을 자신의 책에서 거론하면서 변혁적 교훈을 가르치는 데 활용했다(그래서 나도 그 이메일을 알게 되었다).

취약성을 드러내는 것은 리더십을 강화하는 역량이 될 수 있다. 당신이 이끌거나 영향을 미치고 싶은 사람과 당신의 어려움을 의도적으로 공유하라. 아마 그들에게 절대 잊지 못할 선물이 될 것이다. 당신이 사다리의 어느 위치에 있든 간에 내려오는 걸 두려워하지 말라. 조직, 부서, 팀에서 진정한 일이 일어나는 곳으로부터 당신이 얼마나 멀리 떨어져 있는지 파악하라. 직위 때문에 문제와 가까이 있는 데서 이뤄지는 핵심적 교류와 배움으로부터 우연히 또는 의도적으로 멀어졌는가? 리더로서 당신과 당신의 팀 사이에 얼마나 거리를 두었는가? 10킬로미터 거리에서 이끄는가, 아니면 10미터 거리에서 이끄는가(다만 누구도 당신이 1미터 거리에서 자신을 관리해주기를 바라지 않는다)? 데이브는 레이첼에게 이메일을 받았다는 사실을 공개함으로써 취약성을 드러내는 훌륭한 모범을 보였다. 그뿐 아니라 그 내용이 '높은 곳에서' 조직을 이끄는 경향에 대한 것이었음을 공개함으로써 추가로 취약성을 드러냈다.

이는 우리 모두가 취약성과 관련하여 직면하는 또 다른 난관의 완벽한 사례를 상기시킨다. 근래에 프랭클린코비의 의장이자 COO인 폴 워커는 어느 내부 컨설턴트에게 배운 통찰을 공유했다. 그 내용은 이렇다. 최고위 리더와 CEO는 장기적인 전략과 큰 그림을 생각하라고 보수를 받는다. 그들 중 다수는 개인 사무실에 혼자 또는 측근과 틀어박혀서 새로운 전략을 다듬으며 대부분의 나날을 보낸다. 그들은 숱한 수정을 거쳐 새로운 전략이 타당하며, 발표할 준비가 되었다고 확신한다(종종 실제로 그렇다). 뒤이어 그들은 콘퍼런스 콜이나 타운홀 미팅으로 전체 직원과 전략을 공유하거나 비행기를 타고 지사마다 들러서 새로운 계획을 알린다. 그러고 나면 자신이 제안한 대로 일이 전개되기를 기대하면서 다시 비행기에 오른다.

자신들이 탄 비행기가 실제로나 비유적으로나 9,000미터 상공에 있을 때, 그들은 아래를 보며 느리게 흘러가는 세상을 본다. 그 고도에서 창밖을 내다보는 모든 승객이 같은 경험을 한다. 승용차, 버스, 기차 등 모든 게 천천히 이동하는 것처럼 보인다. 모든 것이 고요하고 느리다. 너무나 고요하고, 너무나 느리다. 그들은 팀에 대해 이런 궁금증과 아쉬움을 품는다. "왜 다들 계획을 실행하는 데 그렇게 오래 걸릴까?" 하지만 지상에서 실제로 벌어지는 일은 다르다. 사람들은 서로 그리고 장애물과 부딪치면서 마구 달린다. 비행기에 묶여서 시속 950킬로미터로 끌

> 사다리의 어느 위치에 있든 간에 내려오는 걸 두려워하지 말라. 9,000미터 상공에 있을 때면 모든 것이 고요하고 느리다. 하지만 지상에서 실제로 벌어지는 일은 다르다.

려가고 있기 때문이다. 그들이 현재의 직무를 수행하면서 새로운 방향에 적응하는 일은 거의 불가능하다.

비행기에서 내려와 좀 더 오래 지상에 머물려면 데이브 홀리스처럼 취약성을 드러낼 필요가 있다. 그래야 지상에서 전개되는 진정한 현실을 깊이 이해할 수 있다. 취약성은 눈으로 확인할 수 있는 겸손한 행동을 통해 드러난다. 그러니 비행기를 착륙시키고, 17층 중역실에서 내려오라. 당신을 비판하는 이메일을 공유하라. 그래야 다른 사람도 거기서 교훈을 얻을 수 있다. 데이브 홀리스의 모범을 따라서 소매를 걷고 당신이 이끄는 사람들과 교류하라. 취약성을 전파하는 일은 당신의 리더십 역량과 브랜드를 개선하고 다른 사람과의 관계를 강화한다.

통찰

이 장에는 2가지 통찰이 담겨 있다. 첫째, 취약성을 드러내는 것은 실제로 리더십 역량이다. 동료와 회사 사람, 부하직원 들은 리더의 공감성과 투명성을 좋아한다.

둘째, 조직에서 높은 자리에 있을수록 지상에서 실제로 일어나는 일에 대한 시각이 왜곡되고 흐려진다. 사업의 전략에 초점을 맞출 뿐 아니라 필요에 따라 실무에도 신경 써야 한다는 점을 명심하라.

질문

스티븐 코비는 "심판하지 말고 안내자가 되어라. 비판가가 되지 말고 본보기가 되어라"라고 썼다. 주위 사람들도 따라 할 수 있도록 취약성을 드러내려면 어떻게 행동해야 할까?

4

감정적 민첩성을 발휘하라

Emotional Agility

수전 데이비드   SUSAN DAVID

심리학자, 하버드대학교 의과대학 심리학 교수. 예일대학교에서 심리학 박사 학위를 취득하고 정서 지능의 창시자인 피터 샐러비 교수와 정서에 대해 연구했다. 소규모 투자자문회사에서 CEO를 맡고 있으며 〈포천〉 선정 500대 기업의 임원과 유엔, 다보스포럼 및 다양한 조직의 리더를 대상으로 리더십 프로그램을 진행하고 조언해왔다.

팩트는 너무나 불편하다. 팩트는 종종 내가 틀렸음을 증명한다. 그래서 너무나 짜증스럽다. 나는 기분, 감정, 의견에 따라 행동하는 나의 오랜(그리고 대개 틀리는) 전략을 훨씬 선호한다. 그 편이 훨씬 자연스럽게 느껴진다.

이 말에 공감이 가는가?

물론 나는 내 입장을 뒷받침하거나, 예산 및 절차 같은 대개 확연한 사안과 관련된 것일 때는 팩트를 크게 마다하지 않는다.

하지만 대부분의 경우 팩트는 엄청나게 불편하고, 생각을 무너뜨리며, 종종 머릿속에서 지어낸 이야기와 어긋난다. 그래도 나는 팩트를 받아들이려고 노력하는 중이며, 배우려는 의지가 있다. 수전 데이비드 박사를 우리 팟캐스트에 초대한 이유가 바로 그것이다. 하버드 의과대학의 유명한 심리학자인 그녀는 베스트셀러 《감정이라는 무기》(원제는 '감정적 민첩성Emotional Agility')의 저자다. 그녀의 테드TED 강연은 1,000만 뷰 이상을 기록했다. 혹시 멋진 억양에 매료되는가? 그녀는 남아프리카공화국 사람이다(내 순위에 따르면 억양 먹이사슬의 정상). 어떤 사람들은 아일랜드, 호주, 영국, 심지어 뉴질랜드 억양에 투표할 것이다. 하지만 이건 나의 대회니까 남아프리카 억양을 승자로 뽑겠다. 내가 그녀와 했던 인터뷰를 들어보고 (좋은 방향으로) 억양에 정신이 팔리지 않는지 말해보라.

나는 뉴욕시에서 열린 세계비즈니스포럼의 강연자로 처음 데이비드 박사를 만났다. 그때 링컨센터에서 진행된 그녀의 강연에 완전히 빠져들었다. 그녀의 통찰은 너무나 의미가 있어서 그 자리에서 바로 《감정이라는 무기》를 주문했고, 책이 도착하자마자 금세 읽어치웠다. 심리치료사, 연구자, 강연자, 정신과 의사의 역할을 모두 합친 책을 읽으면 많은 통찰을 얻어낼 수 있다. 또한 우리 모두가 알다시피, 타이밍이 전부다. 나는 그녀의 메시지가 딱 적절한 때에 내게 말을 걸었다고 생각한다.

이 마스터 멘토로부터 나누고 싶은 혁신 통찰은 내가 자주 접하는 상황과 관련이 있다. 바로 생각, 감정, 팩트가 혼합되는 상황이다. 우리 모두의 머릿속에는 데이비드 박사가 말한 '내면의 수다쟁이'가 들어 있다. 그것은 우리의 '분주한 정신'으로서 미래의 대화에 대한 이야기를 만들어낸다. 이 대화에는 종종 일어날지도 모를 갈등이 포함된다. 그에 따라 우리는 감정, 의견, 기분을 팩트와 혼동하기 시작한다.

간단히 말해서 감정과 기분은 감정과 기분이다. 그리고 팩트는 팩트다. 같은 것이 아니다. 이 말이 새삼스러운 건 안다. 하지만 내 친구인 콜린 돔은 "그 원칙을 잘 알지만 아직 내 삶에 적용하지 못했다"라고 아주 현명하게 말했다(이 말은 매우 공감이 가기 때문에 이 책에서 여러 번 반복할 것이다).

데이비드 박사에 따르면 우리는 하루 평균 1만 6,000개의 표현되지 않은 생각을 하며, 그보다 수천 개나 많은 생각을 표현한다. 게다가 우리 뇌는 종종 우리에게 거짓말을 하며, 비유하자면 우리를 낭떠러지로 이끌려는 의지가 다분하다. 하나의 내적 대화가 다른 내적 대화로 이어지면서 우리는 아직 이뤄지지 않았으며, 어쩌면 결코 이뤄지지 않을 미래의 논의에 대한 역할극을 한다. 그러다 상상 속의 대화 상대를 실제로 마주치면 모든 감정적 응어리를 그대로 안은 채 그에 따라 행동한다.

당신도 그런 적이 있는가? 나는 그 부문에서 복수 석사 학위가 있다. 게다가 슬프게도 우등생이기까지 하다.

내게 이 문제가 생기는 양상은 이렇다. 나는 오늘 또는 며칠 후에 큰 대가가 걸린 대화를 하게 될 것이라고 예상한다. 이 대화를 반드시 할 작정이다. 어떤 사람들은 내가 갈등을 추구하며, 심지어 즐긴다고 말할지 모른다. 하지만 이 말은 명백히 틀렸다. 내가 추구하고 즐기는 것은 명확성과 해결이다.

나는 직업적 문제든, 개인적 문제든 폭풍이 형성되고 있다는 사실을 인식하면 빨리 대처하고 싶어 한다. 너무나 많은 경험을 통해 먹구름이 커지는 것을 무시할수록 나중에 더 크고, 난처하고, 까다로운 폭풍에 대처해야 한다는 사실을 알기 때문이다. 그래서 설령 논쟁에서 지거나 내가 바라지 않는 결과가 나오더라도 문제를 해결하고 다른 문제에 집중하기를 원한다. 오래 끄는 갈등에 감정적 시간을 낭비하고 싶지 않다. 나는 또한 (아마도 틀린 믿음이겠지만) 대화를 주도하면 결과가 유리해질 거라고 믿는다. 이런 믿음이 통할 때가 있다. 하지만 우리 모두가 그렇듯, 내 타율은 단일 경기에서는 좋아 보이지만 전체 시즌, 즉 경력이나 삶에 걸쳐서 보면 그다지 좋지 않다.

나는 이런 사실을 바탕으로 나중에 할 대화에 어떻게 대처할지 계획한다. 이 작업은 종종 아내인 스테퍼나 나의 리더 또는 동료와 함께한다. 나는 우위를 차지하고 싶어 하며, 논지를 구축하기 시작한다. 내 논쟁 실력을 십분 발휘하면서 역할극으로 대화를 전개한다. 이때 내 역할뿐 아니라 상대방의 역할도 맡는다. 내가 제시하는 각각의 논점에 대해 상대방이 말할 내용을 정확하게 풀어내며, 아마도 (사람들이 내 머릿속을 들여다볼 수 있다면) 웃음을 자아낼 방식으로 아직 나누지도 않은 대화를 장악한다. 이 과정은 내가 자신을 얼마나 대단한 달변가로 여기는지 말해준다. 또한 상대방이 사흘 후에 각각의 논점에 대해 어떻게 말할지 한 글자도 틀리지 않고 풀어내는 내 '선견지명'을 보여주기도 한다.

나는 글러브를 끼고, 운동화 끈을 꽉 묶은 채 대화의 장에 들어선다. 하지만 상대방이 훈련한 종목은 나의 것과 다르다. 그들은 배드민턴, 조금 치열하게는 탁구 같은 대화를 준비했다. 정작 나는 둘 중 한 명(누구든 상관없다)은 완전히 녹아웃되는 시합을 예상했는데 말이다. 내가 힘들게 준비한 방향으로 대화가 흘러가지 않으면 나는 뭔가가 심각하게 잘못된 게 분명하다고 여긴다. 과거에 이런 일을 경험했고, 지금 이 책을 읽는 많은 친구와 동료는 내가 이 문제를 자각하고 있다는 사실에 놀랄지도 모른다. 그들은 내가 싸우려고 들어가 있는 UFC 경기장에 셔틀콕을 가져왔던 때를 떠올릴 것이다.

나를 완전히 사이코패스라고 생각하기 전에 말해두자면 이런 마음가짐으로 모든 대화에 임하는 건 아니다. 하지만 나의 머릿속에서 정서와 감정이 팩트가 맡은 역할을 거의 언제나 이긴다는 점은 전적으로 인정한다. 나는 원하는 결과를 토대로 극적인 이야기를 만드는 경우가 많다. 그래서 데이비드 박사의 제안대로 중요한 질문을 자신에게 던지는 경우가 드물다. 그 질문은 "이 상황에서 나는 어떤 사람이 되고 싶은가? 어떤 모습을 보이고 싶은가?"이다. 데이비드 박사는 내가 (나 자신만이 아니라 내가 각본을 짠 미래의 말다툼에 참여할 상대방에 대해서도) 자기충족적 예언을 했기 때문에 대화를 논쟁으로 변질시키는 경우가 너무나 많다는 사실을 깨닫는 데 도움을 주었다.

우리의 역할극 능력이 아무리 뛰어나다고 해도 상대방이 무슨 말을 할지 안다고 가정하는 것은 그들에게 상당히 폐를 끼치는 짓이다. 또한 대단히 숙련된 역할극은 팩트가 아니라 판타지에 토대를 둔 경우가 많다는 사실을 거듭 말할 필요가 있다. 그리고 나의 경우는 분명히 그런 역할극이 내가 바라는 결과 그리고 그것이 나 자신의 목표에 어떻게 도움이 될지에 기반한다.

다행스럽게도 데이비드 박사는 이런 상태가 많은 사람에게 자연스러운 것이라고 말한다. 거기서 벗어나려면 감정적 민첩성을 발휘해야 한다. 즉, 우리의 정서와 감정이 실로 어떤지 의식해야 한다. 가령 내가 신중하게 조율한 대화가 샛길로 빠져서 화나는 경우를 보자. 데이비드 박사는 '화난다'라는 관념을 '화난다고 생각하고 있다'로 재구성하라고 제안한다. 이 단순한 기법은 생각과 감정을 있는 그대로 명명하고, 팩트와 뒤섞지 않도록 해준다. 그러면 '한 걸음 물러서서' 우리가 **진정으로**

> 우리의 정서와 감정이 실로 어떤지 의식해야 한다. 생각과 감정을 있는 그대로 명명하라. 그러면 '한 걸음 물러서서' 우리가 **진정으로** 달성하고 싶어 하는 결과로 이어질 수 있다.

달성하고 싶어 하는 긍정적인 결과로 이어질 수 있는 여지가 생긴다.

데이비드 박사와 〈온 리더십〉에서 심오한 인터뷰를 나눈 이후(고백하자면 그 영상을 여러 번 재시청했다) 나는 복싱 링에서 훈련하는 일이 훨씬 줄었다. 그 대신 상대방이 좋은 의도를 가졌다고 가정하려고 노력했다. 유능한 리더, 동료, 부모, 친구, 이웃은 **자신이** 옳은 것보다 **무엇이** 옳은지를 훨씬 신경 쓴다는 스티븐 R. 코비 박사의 지혜를 따르려고 노력했다.

그러니 다음(아마도 오늘)에 큰 대가가 걸린 대화를 앞두게 되면 전략을 점검하라. 아무 준비 없이 논의에 임하라는 말이 아니다. 그것은 말도 안 된다. 다만 역할극을 너무 심하게 벌였다는 사실을 잘 인식해야 한다. 상대방과 어떤 말을 하게 될지 안다고 가정하지 말라. 지금 감정과 팩트를 뒤섞고 있다는 깨달음이 들면 신중하게 감정을 있는 그대로 명명함으로

써 감정적 민첩성을 발휘하라. 그러면 삶에서 일어나는 많은 갈등을 당신이 자초했으며, 단지 대비를 약간 덜 하기만 하면 그 갈등을 줄일 수 있다는 사실에 놀랄 것이다. 대다수 리더십 책은 이런 조언을 하지 않는다. 그래도 나는 이것이 실로 혁신적인 통찰이라고 생각한다.

통찰 ————————————————————————————

정서, 의견, 감정을 팩트와 혼동하는 것은 인간의 본능이다. 이런 잘못을 더 인식할수록 덜 저지르게 된다. 양쪽 다 나름의 타당성을 지니지만 각기 다른 목적에 기여하므로 뒤섞지 말아야 한다.

질문 ————————————————————————————

어떻게 하면 준비(역할극)와 임기응변 사이에 유익한 균형을 맞춰서 다른 사람을 상대하는 일이 덜 논쟁적일 뿐 아니라 서로에게 더 보람차고 생산적이 되도록 할 수 있을까?

5

최고점, 최저점, 반등을 파악하라

Peak, Trough, and Recovery

다니엘 핑크   DANIEL PINK

세계에서 손꼽히는 미래학자이자 비즈니스 사상가. 우리가 어떻게 일하고 살아갈 것인지에 대해 흥미로운 분석을 내놓았다. 뉴웨이브 경제 잡지 〈패스트컴퍼니〉의 편집위원 겸 칼럼니스트로 활동했고, 앨 고어 전 부통령의 수석 연설문 작성자로 일하기도 했다. 《새로운 미래가 온다》《드라이브》《파는 것이 인간이다》《언제 할 것인가》 등 그의 책들은 42개 언어로 번역되었다.

나는 10년 전에 캘리포니아에서 처음 다니엘 핑크를 만났다. 그리고 몇 달간 그를 쫓아다니며 우리 최고인사책임자인 토드 데이비스와 인터뷰를 해달라고 설득했다. 다니엘은 대단히 상냥하고 같이 일하기 즐거운 사람이었다. 당시 나는 인터뷰의 모든 세부적인 측면을 신중하게 관리했다. 다만 촬영 장소는 미리 고려하지 않았다. 이 사소한 실수 때문에 토드와 다니엘, 촬영팀, 호텔 매니저는 나와 함께 30분 동안 드넓은 호텔 단지를 헤매야 했다. 우리는 인터뷰를 촬영할 수 있는 방이나 홀, 조용한 구석 또는 모든 열린 공간을 찾아다녔다. 분명 나는 멍청이, 더 정확하게는 멍청한 스토커처럼 보였을 것이다.

나의 바람이지만 다니엘은 그 '보물 찾기' 인터뷰를 잊었고(결국은 모든 일이 잘 마무리되었다), 우리는 오랫동안 연락하며 지냈다. 그동안 그는 《드라이브》《파는 것이 인간이다》 그리고 근래에는 《언제 할 것인가》 등 여러 권의 베스트셀러를 집필했다. 내가 접한 모든 베스트셀러 저술가 중에서 다니엘은 단연코 따라야 할 모범이다. 그는 어떤 주제에 대한 열정을 여러 해에 걸친 발견과 인터뷰, 조사 활동에 쏟아부었다. 그리고 그 정수를 모아서 초점이 잘 잡혀 있고 통찰이 넘치는 글로 풀어냈다. 그 결과는 연이은 베스트셀러였다. 아주 단순해 보이지만 36개월 동안 모든 것을 바쳐서 단일 프로젝트에 매진하려고 시도해보라. 나는 7개월째에 옆길로 샐 것이다. 아마 그게 다니엘 핑크와 스콧 밀러의 차이일지도 모르겠다. 큰 차이이기는 하지만 말이다.

나는 《언제 할 것인가》가 발간된 직후에 다니엘을 인터뷰했다. 타이밍의 가치에 대해 그가 가장 최근에 생각한 바를 알아보기 위함이었다. 그는 가석방위원회에 출석하기 가장 좋은 시간(내 생각에는 그런 자리에 출석할 최고의 시간은 **영원히 오지 않는다**), 수술 일정을 잡아야 할 시간, 교통사고가 일어날 확률이 가장 높은 시간 그리고 일반적으로 사람들이 최고와 최악의 사고 및 판단을 하는 시간에 대해 흥미로운 통찰을 들려주었다. 또한 우리 삶을 구성하는 24시간 주기를 뜻하는 생체리듬에 대해 이야기했다.

우리는 24시간 중에서 대개 밤에 약 8시간을 자고 낮 동안 남은 16시간을 깨어 있는다. 이 주기를 이끄는 것은 시상하부다. 하지만 약 20퍼센트의 사람은 이 공식을 따르지 않는 일주기성 유형chronotype(일찍 혹은 늦게 잠드는 개인적 성향)에 속한다.[1] 즉 약 5명 중 1명은 다른 활동 리듬을 따르며, 다수는 소위 올빼미형 인간이 된다. 그들은 종종 새벽 2시에 내는 특유의 울음소리(문자 소리)로 구분된다.

나는 틀림없이 그 20퍼센트에 속하지 **않는다.** 나는 일찍 일어나고, 즉시 엄청난 활력을 발산하고, 빠르게 정점을 찍은 후, 하루의 후반에 회복한다는 점에서 아기와 비슷하다. 사실 그보다 많은 면에서 아기와 비슷하기는 하다. 하지만 이 장의 주제는 나의 성숙도나 약한 집중력, 감정 표출(이 문제는 하버드대학교 심리학자인 수전 데이비드 박사를 다룬 장에서 이미 인정했다)

이 아니다.

　다니엘은《언제 할 것인가》에서 '최고점, 최저점, 반등'이 라는 단순하지만 심오한 개념을 알려준다. 도대체 나는 50여 년 동안 뭘 했길래 이제야 이 개념이 내가 이끄는 팀의 참여 도와 성과는 말할 것도 없고 리더십의 유효성에 영향을 미치 는 양상을 이해하게 되었을까?

　다니엘은 각성도가 가장 높은 때를 최고점이라 일컫는다. 대개 '주의 분산 요소를 물리치는' 능력을 가장 쉽게 발휘할 수 있는 오전이 여기에 해당한다. 분석적 작업(고도의 집중력과 완전한 주의력이 필요한 작업)을 하기에 가장 좋은 시간이다. 반 면 대개 오후의 초중반에 해당하는 최저점은 주의를 기울여 서 성과를 내기에 가장 나쁜 시간이다. 이 시간 동안에는 행 정적 작업(정기적 이메일에 답장을 쓰거나 내 경우에는 언제나 점심 직후에 열리는 CEO의 따분한 현황 점검 회의에 참석하는 것)에 집중 해야 한다. 뒤이은 반등 구간에는 활력과 기분이 다시 회복된 다. 그래서 무엇에 집중할지 결정할 수 있다. 다니엘은 오후 2시에 대화를 나누면 최고의 활력을 발휘하며 사고할 수 없 기 때문에 의도적으로 오후 4시에 〈온 리더십〉 인터뷰를 하는 데 동의했다고 언급했다.

　바로 그 시간에 나는 이 혁신 통찰을 배웠다.

　최고점, 최저점, 반등이라는 개념은 새로운 것이 아니다. 하지만 나 자신의 생체리듬에 맞춰서 특정 회의와 대화 일정 을 잡음으로써 하루를 의도적으로 구성한다는 생각은 분명히 새로운 것이다.

나는 다니엘을 인터뷰하기 전까지는 일과 중 빈 시간이 있으면 언제든 요청을 받아들이고 약속을 했다. 하강 구간의 한복판인데도 오후 1시에 CFO와 내년도 예산 계획을 세운다고? 아무 문제 없다. 전 세계적인 제품 출시를 기획하기 위해 최고의 창의력을 발휘해야 하는 이른 아침에 직업적 개발을 위한 웹 방송에 출연해달라고? 꼭 출연하도록 하겠다. 일과가 끝날 무렵에 기술 관련 공급업체와 2시간 동안 회의를 하자고? 아주 좋은 생각이다!

> 최고점, 최저점, 반등이라는 개념은 새로운 것이 아니다. 하지만 나 자신의 생체리듬에 맞춰서 특정 회의와 대화 일정을 잡음으로써 하루를 의도적으로 구성한다는 생각은 분명히 새로운 것이다.

다니엘은 나 자신의 최고점, 최저점, 반등을 토대로 하루를 재고하도록 해주었다(실은 그렇게 하도록 만들었다). 나는 회사에서 오래 근무했고 직급이 높기 때문에 일정을 자유롭게 정할 수 있다. 하지만 최고점, 최저점, 반등에 대한 인식은 나의 하루를 나 자신의 리듬과 활력에 더 잘 맞게 구성하도록 도와주었다.

다음은 내 일과표다. 이 표를 참고하여 자신의 일과를 살피고 보다 의도적으로 구성해보길 바란다.

4:00 **기상**	나는 자동적으로(또는 그다지 노력하지 않아도) 일찍 일어난다. 해마다 2권의 책을 쓰고, 매주 〈인크닷컴Inc.com〉에 칼럼을 연재하고, 주간 팟캐스트 인터뷰를 위해 비즈니스 도서를 완독하며, 사업가이자 프랭클린코비의 자문 위원으로서 매주 50여 시간을 일해야 하는 근래에는 특히 더 그렇다. 프랭클린코비는 다국적기업이고, 아시아·중동·아프리카 지역의 지사는 이 시간에 일과를 마무리하면서 유타주 솔트레이크시티의 본사에 있는 리더와 소통할 수 있다(가령 도쿄의 시간대는 우리 시간대보다 15시간 빨라서 필요할 경우 소통할 수 있는 시간이 매우 짧다).
5:00 **~** **5:30**	글을 쓰거나 해외 파트너들과 업무를 본다. CEO인 밥 휘트먼이 내게 문자를 보내서 전화해달라고 요청하는 일도 흔하다. 밥은 나처럼 엄청나게 일찍 일어난다(새벽 3시경에 일어나는 것으로 알고 있다). 우리는 아침에는 서로에게 삼가야 할 일이 거의 없다는 데 암묵적으로 합의했다. 반면 저녁에는 엄격한 경계를 두어서 이를 상쇄한다(물론 이 경계는 조정 가능하다).
5:30	**최고점**
5:30 **~** **7:00**	(세 아들이 일어나 내게 달라붙어서 이야기를 나눌 때까지) 글을 쓴다. 나는 창의성과 정신적 처리 속도를 발휘하여 기여하는데, 이 둘 다 이른 아침일수록 뚜렷하게 낫다.
7:30 **~** **11:00**	프랭클린코비 자문 위원이자 회사 밖에서는 사업가로서 내 역할에 매진한다. 내가 이끄는 팀을 보면 일찍 일어나서 나의 첫 일정을 함께하는 팀원이 내게서 최고의 기여를 얻어낸다.
11:00 **~** **13:00**	여전히 전속력으로 달리는 한편 점심을 생각하기 시작한다. 생각한다고 썼지만 사실 집착한다. 나는 하루에 세 끼를 챙겨 먹어야 하는 옛날(늙었다는 뜻) 남자다. 나는 뉴욕 증시 마감이 1시간밖에 남지 않은 1시 정도까지 집중력과 창의성을 한껏 발휘한 후 일손을 놓는다. 그렇다고 해서 이탈리아나 스페인 사람처럼 가게 문을 닫고 집에 가서 낮잠을 자는 건 아니다. 단지 회의에서 내게 최고로 기여해달라고 요구하지만 말라.
13:00	**최저점**

13:00 ~ 15:00	행정 업무 및 해야 할 일 목록에 있는 다른 필요한 항목 처리.
15:00	**반등**
15:00 ~ 17:30	이제 충분히 일했다. 오후 중반에 기운을 차려서 퇴근할 때까지 열심히 일하는 척한다. 나와 일한 적이 있는 사람은 누구나 일찍 줄을 서야 한다는 사실을 알 것이다.
17:30 ~ 20:00	가족과 함께하며 아버지 노릇을 하는 시간.
20:00 ~ 21:30	집필과 다른 해결되지 않은 과제를 마무리한다. 나는 언제나 저녁 8시 30분 무렵에는 노트북이나 책 또는 태블릿을 무릎에 놓고 반쯤 눕는다. 이 시간에는 CEO도 내게 연락하지 않는다. 내가 아버지 노릇을 끝내고 침대에 누울 것임을 알기 때문이다. 물론 연락이 오면 받을 것이다. 하지만 연락은 절대 오지 않는다.
21:30 ~ 4:00	새벽까지 인사불성으로 잔다(53세의 남성으로서 겪는 두세 번의 짧고도 강제적인 중단은 예외다). 이 주기가 계속 반복된다.

내 일과에서 중요한 한 가지 요소가 있다. 나는 세 끼를 제대로 챙겨 먹고 싶다. 일과 중에는 어떤 이유로도 끼니를 거르지 않는다. 회사 사람들은 그 사실을 안다. 그래도 아침이나 점심을 먹으며 회의할 용의는 얼마든지 있다. 다만 저녁 식사 시간에는 거의 회의를 하지 않는다.

또한 나는 시간과 활동을 분배할 때 나와 다른 리듬을 따르는 20퍼센트가 있다는 사실에 주의를 기울인다. 우리 팀원

> 나는 시간과 활동을 분배할 때 나와 다른 리듬을 따르는 20퍼센트가 있다는 사실에 주의를 기울인다.

중 한 명은 30년 동안 우리 회사에서 일했다. 그래서 자유롭게 출퇴근 시간을 정할 권리를 얻었다. 그녀는 (대다수 직원과 비교하면) 늦게 출근하고 저녁 늦은 시간까지 일한다. 그녀에게는 좋은 일이다. 그녀는 자유롭게 일할 자격이 있으며, 맡은 일에서 초과 성과를 낸다. 그러나 우리는 야간 항해를 하는 배들처럼 서로를 비켜 간다. 내가 말하는 야간은 사실 낮을 뜻한다. 그녀의 리듬과 절정기는 나와 정반대다. 그녀는 오전 9시 30분에서 10시 사이에 자리에 앉는다. 그 시간에 나는 치킨 페투치네 알프레도를 생각하기 시작한다(수프가 아니라 샐러드로 부탁합니다. 그리고 브레드스틱을 많이 주세요. 탄수화물을 섭취해야 오후에 최저점을 겪으니까요). 음… 어쩌면 방금 중요한 사실을 발견한 건지도 모르겠다. 하지만 그건 본론이 아니다.

이 엄청나게 유능한 동료는 오후 1시에서 7시 사이에 최고 능력을 발휘한다. 오후 5시 정도에 그녀가 올린 탁월한 업무 성과에 따른 이메일이 내 수신함에 쇄도하기 시작한다. 그러나 나는 대개 살펴보지 않는다. 그 이메일들이 오전 8시 30분에 들어온다면 일간 대통령 브리핑처럼 대할 것이다(지금 말고 이전에 대했던 방식처럼 말이다). 그녀는 분명 리더인 나에게서 기여를 가장 적게 누릴 것이다. 하지만 다니엘에게 교훈을 얻은 이후로 우리는 서로가 교차하는 시간을 더 많이 가지려고 애썼다. 그 방법은 분명 효과가 있었지만, 대체로 우리는 자신에게 맞게 살아갈 수밖에 없다. 우리가 그 사실을 인정하고, 포용하고, 투명하게 이야기할수록 서로에게서 필요한 것을 주고받을 여지를 더 많이 만들 수 있다.

마스터 멘토로서 다니엘은 내가 리더이자 팀원으로 일하는 데 큰 도움을 주었다. 나는 심지어 팀원에게 나의 활력과 창의성이 언제 최고조인지 알리고, 그것을 팀 전체에 퍼뜨리기 위해 노력했다. 또 다른 중요한 점은 팀원이 내 영향을 받아 자신들의 최고점과 최저점을 의식했다는 것이다. 나는 모든 팀원이 타고난, 그래서 벗어나기 힘든 리듬을 최대한 활용하면서 일하도록 권장한다.

통찰

자신의 생체리듬을 잘 인식할수록 삶에서 직업적·개인적으로 만나는 모든 사람과 더 잘 교류할 수 있다.

질문

당신의 하루를 이끄는 리듬을 파악했는가? 최고의 사고가 필요한 중요한 업무를 최저점이 아니라 최고점에 하도록 잘 맞추었는가?

6

모든 전략은 결국 바뀐다

Deliberate vs.
Emergent Strategies

캐런 딜론　　　　　　KAREN DILLON

반얀 글로벌 패밀리 비즈니스 어드바이저스 편집이사. 코넬대학교와 노스웨스턴대학교 메딜 언론대학원을 졸업하고 〈하버드 비즈니스 리뷰〉 편집자를 역임했으며, 세계적 경영사상가 클레이튼 크리스텐슨 교수와 함께 《뉴욕타임스》 베스트셀러인 《하버드 인생학 특강》과 《일의 언어》를 출간했다. 세계 최대 사회적 기업 네트워크인 아쇼카가 선정하는 '세계에서 가장 영향력 있고 영감을 주는 여성들'에 올랐다.

당신은 〈하버드 비즈니스 리뷰〉 편집장 자리가 비즈니스 사상계에서 경력의 정점이라는 데 동의할 것이다. 게다가 《사내 정치에 대한 HBR 지침서 HBR Guide to Office Politics》라는 중요한 저서까지 집필했다면 리더십 및 저술 분야에서 확고한 입지를 구축했다고 볼 수 있다. 여기에 더하여 비교 대상이 없는 혁신 전문가인 고故 클레이튼 크리스텐슨과 수많은 베스트셀러를 공동 집필했다는 사실을 고려하면 제정신인 사람은 당신의 능력에 의문을 제기하지 않을 것이다. 실제로 전 세계에서 모여든 사람들이 당신의 연구, 통찰, 경험을 통해 교훈을 얻으려고 주의를 기울인다.

나에 대한 얘기냐고? 그러면 좋겠다. 내가 말하는 사람은 캐런 딜론이다.

사실 그녀는 나와 정반대다. 겸손하고, 과묵하고, 신중하고, 사려 깊고, 현명하다. 더 말할 수 있지만 자괴감이 들어서 그만하겠다.

나는 여러 해 전에 프랭클린코비의 CEO이자 의장인 밥 휘트먼이 회사 이름으로 집필 작업을 할 때 캐런을 처음 만났다. 재능이 넘치는 전문가도 때로는 부업을 한다. 캐런은 가끔 우리를 측은하게 여겨서 우리 회사에서 하는 집필 작업에 지침을 제공한다. 그녀가 우리 원고나 글을 검토한 후 들려주는 통찰은 실로 인상적이다. 그녀가 제안하는 미묘한 변화는 한 장(혹은 전체 원고)에 혁신을 일으켜 우리가 상상하지 못한 방식으로 생기를 불어넣는다. 내 친구이자 강연 코치인 주디 헨

릭스의 말을 인용하자면 "전문가는 일이 쉬워 보이게 **만들고**, 초심자는 일이 쉽다고 **생각한다**."

캐런은 《일의 언어》《번영의 역설》 그리고 반드시 읽어야 하는 명저인 《하버드 인생학 특강》을 비롯하여 4권의 중요한 책을 단독으로 또는 공동으로 집필했다. 《하버드 인생학 특강》은 독자들이 검증된 비즈니스 원칙을 개인적 삶에 성공적으로 적용하는 법을 가르친다. 캐런이 클레이튼 크리스텐슨, 제임스 올워스와 공동 집필한 이 책은 내가 추천하는 최고의 책이다. 그래서 우리는 자연스럽게 캐런을 초대하여 그녀의 천재성을 나눠달라고 요청했다. 클레이튼은 10년 넘게 프랭클린코비의 이사였지만 건강이 악화되는 바람에 그녀와 같이 출연하지 못했다. 슬프게도 그는 여러 건강상의 문제를 겪은 후 2020년에 사망했다. 하지만 누구도 견줄 수 없는 유산과 기여를 세상에 남겼다.

《하버드 인생학 특강》은 클레이튼이 하버드 경영대학원에서 한 강의에서 시작되었다. 이 강의는 캐런이 편집하여 〈하버드 비즈니스 리뷰〉에 실은 글로 이어졌다. 이 글은 해당 사이트에서 최초로 대중적인 인기를 끌었다. 지금도 〈하버드 비즈니스 리뷰〉 역사상 가장 많은 조회수를 기록하고 있다. 클레이튼은 학생들이 단지 탁월한 경력만 쌓는 것이 아니라 탁월한 삶을 누리기를 바랐다. 그는 우리 모두가 직장생활에서 직면하는 법률적인 또는 다른 여러 문제를 헤쳐나가는 데 도움을 주었다. 임원이나 최고위직에 있는 사람들은 특히 더 큰 도움을 받았다.

캐런은 클레이튼과 10년 가까이 협력했지만 이 글과 뒤이은 베스트셀러가 삶의 모든 영역에 심대한 변화를 일으켰다고 말한다. 《거인들의 인생 법칙》을 다 읽은 후에 읽을 책으로 《하버드 인생학 특강》보다 나은 것이 없다.

나는 분명히 "이 책을 다 읽은 후"라고 말했다. 그러니 계속 집중하도록!

두 사람이 쓴 책과 캐런의 팟캐스트 인터뷰에 담긴 정보의 보물상자 중에서 명확하게 두드러지는 한 가지 혁신 통찰이 있다. 사실 이 통찰은 책에서 인용된 외부 조사 결과에서 나왔다. 그 핵심은 '의도적 전략'과 '창발적 전략'의 차이를 이해하는 것이다.

캐런의 말에 따르면 성공한 기업은 궁극적으로 처음에 추진한 전략과 다른 전략을 따랐다. 간단히 말해서 성공은 결코 미리 정해지지 않는다. 성공했다면 초기 전략을 버렸을 가능성이 크다. 실제로 하버드 경영대학원 방문교수인 아마르 비데는 이 주제에 대한 조사를 실시했다. 그는 "궁극적으로 성공한 기업의 93퍼센트는 타당성을 잃은 초기 전략을 버려야 했다"라고 말했다.[1] 이는 인상적인 내용이다. 오직 7퍼센트의 기업만 의도적으로 전개한 초기 전략으로 성공을 이뤘다. 대다수 기업은 중간에 방향을 전환하여 기존 전략을 버리고 새로운 전략을 채택해야 했다.

이는 해당 주제에 대한 유일한 통찰이 아니다. 내가 특별히 심대하다고 생각하는 통찰은 '리더들이 이 사실을 염두에 두고 모든 자원을 신중하게 조절해야 한다'는 것이다. 통계적으로 보면 언젠가는 천재적인 아이디어에서 벗어나 더

> 성공은 결코 미리 정해지지 않는다. 성공했다면 초기 전략을 버렸을 가능성이 크다.

현명하고, 타당하며, 공감을 사는 전략을 채택해야 한다. 따라서 창발적 전략이 실제로 성공할 수 있도록 특정한 양의 자원을 예비로 남겨둬야 한다.

이 사실을 알면 처음 시작하는 전략은 어느 것도 성공하지 못할 것임을 알기에 대단히 신중한 자세를 취하게 된다. 그래서 아직 파악되지 않은 창발적 전략을 위해 귀중한 자원을 아끼면서, 초기의 의도적 전략을 굶겨 죽이게 된다. 또는 반대로 이 난제를 인식하고도 초기 아이디어에 모든 것을 걸 수 있다 (거의 모든 사람이 그렇다). 왜 그럴까? 그것이 당신의 아이디어이기 때문이다. 우리 모두는 자신이 제시한 아이디어의 성공에 자존심을 건다. 그러다가 첫 번째 시도가 실패하면 큰 교훈을 얻고 겸손해진다. 문제는 지치거나 한눈을 팔거나, 더 나쁘게는 더 나아갈 여지와 현금이 없는 상황에 처한다는 것이다.

의도적 전략과 창발적 전략 사이의 균형을 인식하는 문제에 대한 캐런의 교훈은 실로 변혁적이다. 그러나 나는 거기에 대한 계획을 세우는 것도 마찬가지로 통찰력 넘치는 일이라

> 계획을 세우는 것도 마찬가지로 통찰력 넘치는 일이다. 실패에 대비한 계획이 아니라 바람대로 빨리 창발적 기회가 나타나는 데 대비한 계획, 그 기회가 다가오는 것을 볼 수 있을 만큼 기민성을 발휘하기 위한 계획 말이다.

고 생각한다. 실패에 대비한 계획이 아니라 바람대로 빨리 창발적 기회가 나타나는 데 대비한 계획, 그 기회가 다가오는 것을 볼 수 있을 만큼 기민성을 발휘하기 위한 계획 말이다. 그러면 의도적으로 유보한 자원을 활용하여 기회를 살릴 수 있다.

돌이켜 보면 경력을 통해 이런 일을 많이 접했다. 나는 "크게 가지 않을 거면 집에 가라"라는 말을 좋아한다. "크게 가지 않을 거면 오지도 마라"라는 말은 더 좋아한다. 크게 갈 때는 정말로 **크게** 간다. 나는 프랭클린코비에서 거의 7년 동안 최고마케팅책임자로 일하면서 "경기장에 모든 것을 쏟아붓는다"라는 스포츠 격언을 자주 인용하는 것으로 유명해졌다. 우리 팀의 성과는 대단히 인상적이었다. 나는 《실패한 마케팅에서 성공한 브랜드로: 조직의(그리고 당신의) 브랜드를 변신시키기 위한 30가지 과제 Marketing Mess to Brand Success: 30 Challenges to Transform Your Organization's Brand(And Your Own)》에 그 내용을 담았다. 하지만 실패를 겪고 구상 단계로 돌아가서 계획을 재고해야 할 때도 있었다. 그것도 시간이 얼마 남지 않았을 때나 팀원들이 지쳐서 아무 기여도 할 수 없을 때에 말이다.

지금이라면 무엇을 다르게 했을지는 모르겠다. 하지만 이 깨달음은 앞으로 내가 사업을 하는 데 영향을 미칠 것이다. 나는 모든 것을 바치는 한편 불가피한 전환을 위해 약간의 자원을 남겨둘 것이다.

캐런은 아이디어와 자존감 및 자존심을 분리하는 일이 대단히 중요하다는 것을 안다. 그녀는 겸손은 자신감에서 나온다는 사실을 내게 가르쳤다. 자신감 있는 리더는 겸손한 모습을 보인다. 오만한 리더는 어떻게든 성공시키려 드는 자신의 천재적인 전략이 통하지 않는다는 사실을 알 만큼 겸손할 줄 모른다. 종종 엄청나게 성공적인 실적을 보유한 리더는 겸손한 자세로 창발적 전략을 **보는** 능력을 드러내야 한다. 이런 전략은 경쟁자나 숙적부터 우편실 사환이나 리셉션 담당자에 이르기까지 예기치 못한 원천에서 나올 수 있다.

통찰

유능한 리더는 여러 전략이 상호 의존적으로 발전하는 문화를 의도적으로 구축한다. 또한 겸손하지만 자신감 있게 변화가 필요하다는 신호를 본다.

질문

무엇이 의도적 전략에서 창발적 전략으로 나아가지 못하도록 막는가? 변화가 필요한 때가 되었다는 사실을 어떻게 알 수 있을까?

7

대화의 동기를
파악하라

What's Your Motive?

앤 차우   ANNE CHOW

AT&T 비즈니스의 CEO. 3만 명이 넘는 조직을 운영하며 전 세계 300만 명의 고객과 360억 달러 이상의 매출을 담당하고 있다. 그녀는 이 직책을 맡은 최초의 여성이자 AT&T 역사상 최초의 유색인종 여성 CEO이다. 다방면에 걸친 경력으로 수십 년 동안 수많은 조직을 변화시켜왔다. 저서로 《무의식적 편견에 대처하기 위한 리더의 지침서》가 있다.

내 직장생활 초기의 기억 중 하나는 디즈니디벨럽먼트컴퍼니
에서 일하던 시절의 일이다. 나는 이 기억을 '비교 문제'라고
불렀다. 나는 회사에서 열린 타운홀 회의에 참석한 후 어머니
에게 동료들이 대표에게 질문할 때 말을 너무 잘한다고 말했
다. 나는 사람들 앞에서 명확한 질문을 하는 것은 물론이고
대표가 한 말도 제대로 이해하지 못했다고 털어놓았다. 그때
어머니가 해준 조언은 어제 일처럼 생생하게 떠오른다.

"스콧, 너 자신을 다른 사람하고 비교하지 마. 그건 절대 빠
져나올 수 없는 덫이야. 너 자신에게 집중해."

당시 24세이던 나는 부모님의 조언을 쓸데없다고 여겼다.
그때 내가 더 똑똑해서 그들의 조언을 훨씬 더 일찍 받아들였
다면 얼마나 좋았을까.

내가 어머니의 조언을 얼마나 잘 따랐는지는 모르겠다. 그
래도 나 자신을 누구도 견줄 수 없는 앤 차우와 비교하는 일
은 확실히 그만두었다. 앤 차우가 누구인지 모르겠는가? 곧
알게 될 것이다. 앤은 실로 부상하는 마스터 멘토다. 그녀는
AT&T 비즈니스의 CEO로서 3만여 명의 직원을 거느리고
360억 달러의 매출을 올리는 사업부를 이끈다. 이 사업부는
그 자체로 〈포천〉 100대 기업에 들어갈 수 있다. 앤과 나는 나
이가 비슷하다. 또한 그녀는 AT&T에서 30년을 일하면서 나
처럼 거의 전체 경력을 한 회사에 바쳤다. 줄리어드 예비학교
에 다니고 코넬대학교에서 공학을 전공한 그녀는 프랭클린코
비의 이사이며, 아마존 베스트셀러인《무의식적 편견에 대처

하기 위한 리더의 지침서The Leader's Guide to Unconscious Bias》를 공동 집필했다. 〈포천〉은 2020년에 그녀를 기업계에서 가장 힘 있는 여성 50인에 선정했다. 그녀는 44위로 데뷔했다.

앤과 비교하여 근래에 내가 이룬 성취를 살펴보면 잔디를 깎은 것, 블로그에 글을 올린 것, (내 생각에는) 매일 성공적으로 샤워한 것 등이 있다. 이런 속도라면 아주 잘하고 있는 셈이다. 내가 아직도 고등학생이라면 말이다(내 아내는 정말 그럴지도 모른다고 생각한다).

농담은 그만하자. 앤은 정력가이며, 같은 직위에 있는 많은 리더보다 종종 10년이나 어린데도 비범한 지혜를 드러낸다. 내 생각에 앤은 글로벌 기업계에서 계속 영향력 있는 역할을 맡을 것이며, 독자적인 사상적 리더십thought-leadership으로 명성을 얻을 것이다. 앤은 아시아계 미국인이기도 하다. 그녀의 부모는 50여 년 전에 대만에서 미국으로 이민 왔다. 그들의 여정은 분명 그녀의 여정에 영향을 끼쳤다.

나는 프랭클린코비의 마케팅 책임자이자 경영팀 구성원으로서 일 관계로 앤을 알았다. 그러나 시간이 흐르고 그녀와 더 많이 일하게 되면서 친구 사이가 되었다. 물론 이사(그녀)와 직원(나) 사이의 건널 수 없는 선을 인식한 채였다. 나는 우리 회사의 사상 리더십 프로그램을 이끌었는데, 거기에는 동료인 애니 오즈월드와 함께 우리의 출간 전략을 관리하는 일도 포함되었다. 나는 앤이 우리 회사를 위해 귀중한 대변인이 될 수 있다고 생각했다. 특히 그녀의 열정과 리더십 경험을 살릴 수 있는 주제에 대해서는 더욱 그랬다.

그렇게 해서 《무의식적 편견에 대처하기 위한 리더의 지침서》가 나왔다. 프랭클린코비가 최근에 펴낸 이 책은 우리가 자신의 편견을 파악하고 좀 더 명확한 자각을 통해 대처하는 방법을 명민하고도 편안하게 들려준다. 이 책의 전제는 인간은 편견을 갖기 마련이며, 모든 편견이 나쁘지는 않다는 것이다. 다만 편견이 다른 사람과 자신에게 부정적인 영향을 끼칠 때를 인식하는 능력을 키워야 한다. 그것이 유능하고 신뢰받는 리더가 되는 열쇠다.

나는 편집자로서 출간 전에 이 책의 원고를 세 번 읽었다. 실로 뛰어난 내용이었다. 이 문제는 수많은 의견으로 넘쳐난다. 나는 50대 백인으로서 처음에는 약간 방어적인 자세로 임했다. 부끄러움을 느끼고 훈계받을 거라고 생각했기 때문이다. 하지만 실제로 일어난 일은 정반대였다. 나는 개인적 · 직업적으로 나 자신의 여정에 대해 많은 교훈을 얻었다. 또한 나의 경험과 마음가짐 그리고 그에 따른 편견이 주위 사람을 억누를 수 있으며, 그들을 뒷받침하고 키우기 위해 편견을 인정하고, 견제하며, 거기에 반발해야 한다는 사실을 배웠다. 꼭 이 책을 사서 읽어볼 것을 권한다.

특히 나에게 심대한 영향을 끼쳤을 뿐 아니라 특정한 주제에 대해 말하는 방식을 바꿔준 이야기가 있다. 나는 그것을 이 장의 혁신 통찰로 정했다. 이는 우리가 어떤 식으로든 경험하는 것이다. 바로 누군가에게 어디서 왔는지 묻는 질문의 이면에 있는 **동기**다.

앤은 나처럼 100퍼센트 미국인이지만 나와 다르게 생겼다. 내 얼굴을 보면 매우 전형적인 50대 미국 백인 남성이다(유럽에 살면서 미국인만 카키 팬츠를 입는다는 사실을 안 후 카키 팬츠를 멀리한 지는 오래되었지만 말이다). 앤은 아시아계다. 여행을 많이 다니지 않은 사람은 그녀가 한국계인지, 중국계인지, 일본계인지 아니면 아시아 태평양 지역의 다른 민족 출신인지 궁금해할 것이다. 앞서 언급한 대로 앤의 부모는 모두 대만인이다. 아직도 모르겠다면, 앤은 대만계다.

앤의 회고에 따르면 "어디서 왔어요?"라는 질문으로 시작되는 대화는 대개 이런 양상으로 흘러간다. 예를 들기 위해 스콧이라는 이름을 쓰도록 하겠다.

스콧 앤, 어디서 왔어요?

앤 댈러스 지역에 살아요.

스콧 아니, 어디 출신이에요?

앤 아, 어디서 자랐냐고요? 뉴저지가 고향이에요. 완전 저지 여자죠.

스콧 그게 아니라, 어디 사람이에요?

앤 아, 어디서 태어났냐고요? 중서부에서 태어났어요.

앤은 이런 대화를 수백 번 했다. 그래서 상대방이 묻는 게 뭔지 잘 안다. 그들은 그녀가 어떤 민족인지 알고 싶은 것이다. 그들은 무의식적으로 또는 심지어 의식적으로 그녀를 어떻게 대해야 할지 결정하는 중이다. 내게 놀라운 것은 바로 이 대화에서 말로 표현되지 않은 속뜻이다. 이런 말은 앤의 귀에는 종종 "당신은 여기 출신이 아니고, 여기에 소속된 사람도 아니에요. 그러니까 어디서 왔는지 파악해서 어떻게 상대할지 정하고 싶어요"라고 들린다.

앤이 정확히 이렇게 말한 건 아니다. 그러나 그 통찰은 심대하다. 사실 나도 이런 대화에서 스콧 쪽이었던 적이 수없이 많다. 앤 쪽이었던 적은 한 번도 없다. 물론 사람들이 내게 어디 출신이냐고 물은 적은 있다. 하지만 문맥상 그 질문은 '나처럼' 미국 어디 출신인지를 묻는 것이다. '나와 달리' 외국 어느 나라에서 왔는지 묻는 게 아니다.

앤은 나이가 어렸을 때는 이런 대화에서 화를 참거나 정중한 태도를 취하지 않았다고 인정한다. 반면 지금은 질문에 담긴 편견을 잘 이해하기 때문에 대화를 가르침의 기회로 삼는다. 리더십을 발휘하는 것이다.

지금 당신이 무슨 생각을 하는지는 모른다. 다만 약간의 성찰을 했기를 바란다. 앤이 처음 팟캐스트에서 이야기를 들려주었을 때 내가 그랬다. 그녀는 책에서 이 이야기를 더 자세히 풀어놓는다. 나는 그 내용을 읽은 후 내 동기를 더 잘 의식하게 되었다. 특히 질문 모드로 들어가기 전의 동기를 의식하게 되었는데, 질문은 자리가 불편하거나 침묵이 어색할 때 내가 기본적으로 활용하는 의사소통 수단이다. 나는 '대화를 이

68

어나가야 할' 필요를 느낄 때
(아내 말에 따르면 항상 그렇다)
질문을 한다. 나는 그것이 좋
은 의도를 담은 관대한 행동
이라고 생각했다. 그러나 앤
에게서 교훈을 얻은 후에는
동기를 더 잘 의식하게 되었
다. 내가 질문하는 이유가 무

> 내가 질문하는 이유가 무엇일
> 까? 이 구체적인 질문을 하는
> 이유가 무엇일까? 이 질문으로
> 얻는 정보를 어떻게 '활용'할
> 계획인가?

엇일까? 이 구체적인 질문을 하는 이유가 무엇일까? 이 질문
으로 얻는 정보를 어떻게 '활용'할 계획인가? 나는 수많은 경
우에 나와 다른 용모를 지닌 사람에게 "어디서 오셨어요?"라
고 물었다. 나와 비슷한 외모와 억양을 지닌 사람에게 어디서
왔냐고 물었던 적은 없는 것 같다. 그럴 필요가 없으니까. 내
게 그들은 '여기' 사람이다. 나처럼 말이다. 그러니까 모든 게
양호하다. 그들은 이곳에 소속되어 있다. 나처럼.

어디서 왔냐는 흔한 기본적인 질문은 깊은 무의식적 편견
에서 나온 것일 수 있다. "나는 배운 사람이지만 당신은 그렇
지 않다"라거나, "나는 성공한 사람이지만 당신은 그렇지 않
다"라고 들릴 수 있다. 또는 앤이 경험한 대로 "나는 여기 사
람이지만 당신은 아니다"라고 들릴 수 있다. 이런 구분은 상
대방을 소외시키고 기분을 상하게 할 뿐 아니라 관계를 뒷받
침하는 근본적인 신뢰를 무너뜨린다. 당신이 이런 질문을 제
대로 한다면 누구도 문제가 있다고 인지하지 못할 것이다(나

의 강연 코치도 무대에서의 동작과 발화에 대해 내게 똑같은 조언을 했다). 그러나 이런 질문을 제대로 한다고 해서 칭찬받지는 못한다. 반면 제대로 하지 못하면 확실하게 불이익을 받거나, 더 나쁘게는 관계를 망칠 위험에 처한다.

통찰

우리의 동기는 주로 마음가짐과 신념 체계에 이끌리며, 언어와 행동을 통해 발현된다. 생활 속에서 동기가 어떻게 드러나는지 잘 살펴라.

질문

"어디서 왔어요?"라고 묻는 대신 할 수 있는 질문은 무엇일까? 이때 그 정보를 어떻게 활용할 생각인지 확인하여 동기를 살피는 일을 잊지 말라.

8

점수판을 만들어라

Keep a Compelling Scoreboard

크리스 맥체스니   CHRIS MCCHESNEY

프랭클린코비의 글로벌 실행 리더이자 '4가지 실행 원칙'의 핵심 개발자. 10년 넘게 프랭클린코비의 4가지 원칙 기획 개발과 컨설팅 조직을 이끌며 수많은 나라에서 놀라운 성장을 이루었고 수백 개 조직에 영향을 주었다. 저서로 〈월스트리트저널〉 베스트셀러인 《성과를 내고 싶으면 실행하라》가 있다.

심리학자이자 동기부여 전문가 토니 로빈스와 영화배우 리처드 시먼스가 아이를 낳는다면(그들 각자의 배우자와 파트너에게 미리 사과드린다) 바로 크리스 맥체스니 같을 것이다.

설명이 더 필요한가? 그저 크리스는 당신이 한 번도 접한 적 없고, 에너자이저 버니Energizer Bunny를 조기 은퇴시킬 만한 수준의 지치지 않는 활력을 지녔다고만 말해두자. 그 엄청난 활력은 그가 전략 실행에 대한 세계적인 권위자 자리에 오르는 30년에 걸친 여정에서 대단히 귀중한 자산이었다.

크리스는 안식년에 팝콘 회사에서 일한 것을 제외하면 프랭클린코비에서 30년을 일했다. 그동안 하나의 비즈니스 문제를 이해하고 해결하는 일에 깊이 몰입했다. 행동의 변화를 요하는 비즈니스 전략을 어떻게 실행할 것인가? 크리스의 여정은 아주 다루기 어려워 보이는 문제 하나를 해결하는 일에 초점을 둔다. 여러 영향력 있는 교사, 리더, 존경받는 전문가처럼 말이다. 마케팅과 브랜딩 전문가 마틴 린드스트롬은 구매자의 행동 이해에 초점을 맞춘다. 세스 고딘은 마케팅 분야의 세계적인 전문가다. 브레네 브라운의 초점은 취약성과 진정한 자신이 되는 것에 있다. 나의 현명한 동료이자 코비 박사의 오랜 친구인 존 맥스웰은 리더십에 확고한 초점을 맞췄다. 그리고 전략 실행에서는 크리스 맥체스니가 중심에 선다.

크리스는 수십 년 동안 모든 비즈니스 부문의 고객 수천 명과 긴밀하게 일했다. 그 결과 통찰의 보고를 얻었다. 이 통찰은 10년 전 그의 첫 책인《성과를 내고 싶으면 실행하라》

72

(원제는 '실행의 4가지 원칙The 4 Disciplines of Execution')에 담겼다. 짐 헐링, 숀 코비(《성공하는 10대들의 7가지 습관》의 저자)와 함께 쓴, 조직 내에서 실행 문화를 구축하는 방법을 다룬 베스트셀러다. 이 책은 전략 수립을 돕기 위한 것이 아니다. 그런 목적이라면 매킨지나 액센츄어에 연락하라. 그게 아니라 전략을 **실행**하고 싶다면 프랭클린코비에 연락하여 크리스를 찾아라.

이 책이 발간된 지 10년이 지나고, 100만 부 가까이 판매된 후 크리스와 공저자들은 새로운 통찰과 교훈을 반영한 개정판을 냈다. 4가지 원칙은 같지만 개정판에는 전략 실행의 동력에 대한 완전히 새로운 수준의 이해가 담겨 있다. 아직 읽지 못한 사람을 위해 4가지 원칙을 간단하게 설명하도록 하겠다(이 장에서는 원칙 3을 혁신 통찰로 깊이 살필 것이다).

크리스는 엄청나게 중요한 목표를 달성하기 위한 실행 절차에서 리더의 역할이 결정적이라고 설명한다(솔직히 말하자면 누구에게도 설명하지 않는다. 그는 산꼭대기에서 외친다). 그의 분석에 따르면 실행은 4가지 과정으로 진행된다.

- 리더와 업무팀은 목표를 아는 경우가 드물다. 따라서 **원칙 1**은 **가장 중요한 목표에 집중하는 것**이다. 탁월한 실행은 초점을 좁히는 데서 시작된다. 즉, 반드시 달성해야 하며 다른 어떤 것보다 중요한 목표를 파악해야 한다.
- 리더와 팀은 목표를 달성하기 위해 무엇을 해야 하는지 모른다. 따라서 **원칙 2**는 **선행지표를 기준으로 삼는 것**이다. 20퍼

센트의 활동이 80퍼센트의 성과를 낸다. 따라서 목표 달성 여부를 말해주는 최고의 지표는 그 20퍼센트의 활동을 파악하고 개별 행동으로 분류한 다음 열심히 관리하는 것이다.

• 리더와 팀은 점수를 기록하지 않는다. 따라서 **원칙 3**은 **점수판의 강점을 활용하는 것**이다. 사람은 점수를 기록하면 다르게 플레이한다. 올바른 점수판은 이기려는 동기를 부여한다.

• 팀원은 자신과 다른 사람에게 책임을 묻지 않는다. 따라서 **원칙 4**는 **책임성의 기조를 만드는 것**이다. 뛰어난 성과를 올리는 사람은 빈번하고, 긍정적이며, 자율적인 책임성의 문화에서 발전한다. 각 팀은 성공을 부각하고, 실패를 분석하며, 필요에 따라 경로를 조절하는 주간 절차를 진행해야 한다.

나는 점수판의 강점을 활용하라는 원칙 3이 조직 전반의 참여에 절대적으로 중요하다고 생각한다. 근래에 참여라는 단어에 모두가 초점을 맞추는 것 같다. 암울한 직장 분위기에 대한 조사들은 직원 참여도에 '위기'가 생겼음을 보여준다. 솔직히 나는 참여도를 더 이상 신경 쓰지 않는다. 그런 조사 결과를 믿는다면 다 내려놓고 집으로 가야 할 것이기 때문이다. 가령 근래에 갤럽이 조사한 바에 따르면 53퍼센트의 직장인은 업무에 "적극적으로 참여하지 않는다."[1] 또 다른 조사에서는 직장인의 84퍼센트가 평판 좋은 다른 회사에서 제안이 오면 현재 직장을 떠나는 것을 고려하겠다고 밝혔다.[2] 정말 그럴까? 참여도 때문에 현재 직장에 남을 사람이 16퍼센트밖에 되지 않는다고? 세상에. 약삭빠른 기회주의자들!

나의 경험에 따르면 시각적 참여 수단(가령 점수판)은 전반적인 참여도를 높이는 데 핵심적인 기여를 한다. 잘하고 있다면 그 사실을 아는 것이 대단히 중요하다. 점수판은 "얼마나 왔는지" 묻는, 시대를 초월한 질문에 답한다.

나는 점수판에 상당히 열정적이다. 하지만 **절대** 엑셀로 점수판을 만들지는 않는다. 점수판은 재미있고, 흡인력 있고, 심지어 약간 터무니없어야 한다. 사람들이 점수판에 대해 이야기하지 않으면 효과가 없다. 무슨 말이냐고? 몇 년 전에 내가 프랭클린코비에서 점수판을 만들기 위해 노력했던 이야기를 들려주겠다. 《성과를 내고 싶으면 실행하라》의 저자들은 내가 너무 멀리 갔다고 불쾌해하거나 심지어 끔찍하게 생각할지도 모른다. 하지만 내가 이끌던 마케팅팀은 점수판 운영을 새로운 수준으로 이끌었다(높은 수준이라고는 말하지 않았다).

프랭클린코비의 유명한 특징 중 하나는 (말해도 될지 모르겠지만) 보수적이라는 것이다. 그렇다고 해서 1980년대의 IBM처럼 자리를 떠날 때는 항상 정장 상의 단추를 채워야 하고, 파란색 셔츠는 생각지도 말라는 식은 아니다. 현재 프랭클린코비는 풍부한 다양성을 지닌 세계적인 상장기업이다. 하지만 그 뿌리는 그다지 진보적이지 않은 지역인 유타주에 있다. 프랭클린코비의 문화는 여러 측면에서 유타주의 문화를 반영하기에 약간 보수적이다. 내가 만든 점수판이 사내에서 좀 터무니없게 여겨진 이유다. 그렇다고 해서 리얼리티 프로그램

> 시각적 참여 수단(가령 점수판)은 전반적인 참여도를 높이는 데 핵심적인 기여를 한다. 잘하고 있다면 그 사실을 아는 것이 대단히 중요하다.

에서 못된 모습을 보이려고 안달 난 사람 같을 정도는 아니었다. 보수성 스펙트럼의 맞은편에 있는 IBM보다야 터무니없기는 하지만 말이다.

프랭클린코비는 여느 영업 조직처럼 고객의 성과를 추동하는 일과 우리의 매출 목표를 충족하는 일 사이의 균형에 언제나 초점을 맞춘다. 우리는 두 목표를 진지하게 받아들이며, 모두 달성하는 데 광적으로 집착한다. 나는 오랫동안 3,000만 달러의 매출을 올리는 유통 채널을 뒷받침하는 팀을 이끌었다. 이 유통 채널은 판촉에 아주 잘 반응했다. 40개를 사면 이걸 주고, 100개를 사면 저걸 주며, 3가지 사은품 중 하나를 고를 수 있다는 식이었다. 당시 미국에만 100명이 넘는 영업 인력이 있었는데, 영업 실적에 따라 인센티브가 주어지면서 판촉이 상당히 치열해졌다. 영업 분야에서 이는 영업실적장려금SPIF이라 부른다. 대다수 영업 인력이 좋아하는 제도다.

이 캠페인은 대개 10일에서 3주 동안 지속된다. 우리는 분산된 영업팀의 참여(및 경쟁)를 촉진하기 위해 매일 점수판을 게시했다. 이 점수판은 종종 하루에 여러 번, 사내 메일로 전파되었다. 이 점수판이 단발적인 막대 차트일 것이라고 생각했다면 당신은 음악으로 치면 페리 코모(모른다면 구글로 검색해

보라)만큼 엄청나게 보수적인 편이다. 내가 말하는 점수판은 스펙트럼의 맞은편 끝에 있다. '오지 오즈번이 박쥐 대가리를 물어뜯는 것만큼' 터무니없다(1980년대의 모든 10대는 이 이야기를 안다. 내가 오지 오즈번 또는 박쥐에 대해 아는 건 그게 전부다).

음악에 대한 형편없는 비유는 이 정도로 하자. 나는 재미있고, 낯뜨거운 점수판을 만들었다. 가벼운 분위기로 만든 이 점수판은 영업팀을 그날의 승자와 패자로 묘사하는 스토리라인을 토대로 삼았다. 또한 대개 뉴스와 연계하여 올림픽이나 대선 또는 함께 웃을 만한 연예인의 스캔들 같은 주제를 담았다. 우리는 언제나 한계를 밀어붙였다. 가끔은 너무 멀리 간 건 사실이다. 하지만 이 점수판 덕분에 흥미와 참여를 창출하고 유지했다. 이상하게도 억대 연봉의 영업 인력은 자신의 얼굴을 포토샵으로 마이클 펠프스나 개브리엘 리스 같은 운동선수의 몸에 붙이고 싶어서 안달이었다. 특히 그날의 탁월한 실적을 올린 사람으로 호명될 때는 더욱 그랬다.

그렇다면 저성과자를 북돋고 싶을 때는 어떻게 해야 할까? 약간 창피를 주면 된다(기분 나쁘지 않도록 재미있게). 그러면 더 열심히 하는 모습을 볼 수 있다. 누구도 스콧의 악명 높은 점수판에서 창피당하고 싶어 하지 않기 때문이다. 참고로 나는 그들에게 미리 언질을 준다. 가벼운 공개적 타박에 대해 마음의 준비를 하고, 위트 있게 대처할 수 있도록 한다. 프랭클린 코비의 문화는 보수적일지 모르지만 우리는 모두 서로의 의도를 신뢰했다. 그래서 서로를 놀리며 엄청나게 많은 재미를 누렸다. 이런 터무니없는 점수판을 만들 때는 대개 주목받기를 좋아하는 영업 인력에 초점을 맞추고 그들을 출연시켰다는 점을 기억하라. 어떻게든 많이 알려지면 좋은 것 아닌가?

물론 모든 문화는 용인하는 정도와 예민한 정도가 다르다. 오늘날의 문화를 고려하면 내가 몇 가지 언급을 삼가는 게 나았을지도 모른다. 시대가 변했기 때문이다. 하지만 사내 점수판이 재미와 흡인력을 갖추고 널리 전파되는 양상과 그것이 행동을 추동하고 관리하는 양상 사이에는 상관관계가 있다. 높은 성과를 올리고, 진지하며, 점잖은 많은 직원은 내게 수신함에 들어온 점수판을 보는 것이 때로 따분하고 심지어 외로운 하루의 하이라이트였다고 말했다. 그들은 즉시 점수판을 열어서 누가 그날 웃음거리가 되었는지 또는 바람직하게 누구의 사진이 선두에 붙어서 칭찬을 받는지 확인했다.

적절한 판단력을 발휘하고, 회사의 다양한 팀이 타당한 것과 그렇지 않은 것을 심사하게 하라. 무엇보다 재미를 누리고 인상적인 점수판의 가시성과 접근성을 높여라.

통찰 ⎯⎯⎯⎯⎯⎯⎯⎯⎯⎯⎯⎯⎯⎯⎯⎯⎯⎯◢

사람들은 삶의 모든 부분, 특히 경력에서 승리하고 싶어 한다. 명확성을 보장하고 참여도를 높이는 인상적이고 지속적인 점수판을 제공하라.

질문 ⎯⎯⎯⎯⎯⎯⎯⎯⎯⎯⎯⎯⎯⎯⎯⎯⎯⎯⎯◢

엑셀 혹은 다른 차트 프로그램을 쓸 수 없다면 어떻게 점수판을 제작하여 바람직한 행동을 기록하고, 더욱 중요하게는 추동할 것인가?

9

뇌를 보호하라

Protect Your Brain

다니엘 에이멘　　　　　DANIEL AMEN

임상신경과학자이자 정신과 전문의. 뇌의학과 행동의학 분야의 세계적 권위자로서 뇌 영상 촬영을 통해 정신의학의 수준을 혁명적으로 진일보시켰다. 그가 설립한 에이멘클리닉은 복잡한 심리학적 문제를 치료해왔으며 발표된 사례 중 가장 높은 성공률을 기록했다. 10여 권의 책이 〈뉴욕타임스〉 베스트셀러로 선정된, 미국에서 가장 인기 있는 심리학자다.

우선 나는 **과도하게** 걱정하는 사람이 아니라는 사실을 밝히고자 한다. 특히 건강 문제에 있어서는 더욱 그렇다. 나는 가끔 자외선차단제를 바르고, 역시 가끔 도넛을 먹는다. 헬스장에 갈 때도 있고 안 갈 때도 있다. 해마다 스케일링을 받고, 3, 4년에 한 번씩 피부과 진료를 받으며, 1년에 한 번 종합검진을 받는다. 또한 대장내시경을 받아야 할 때가 지났다(올해는 꼭 받도록 하겠다). 나는 적절한 양의 알코올, 카페인, 물을 대개이 순서대로 마신다. 나는 과일과 야채를 먹는다고 알려져 있지만 솔직히 레드 페퍼와 그린 페퍼는 블루 치즈를 실어나르는 수단일 뿐이다. 하지만 그냥 스푼으로 먹을 수도 있으니까 약간은 칭찬해주면 좋겠다.

목 아래쪽의 대다수 건강 문제에 대한 나의 점수는 B-다. 머리 위쪽은 다니엘 에이멘 박사 덕분에 A+다. 중요한 지점이다. 우리 두뇌 기능은 삶의 모든 측면에서 분명하게 드러나기 때문이다. 전전두피질이 과도하게 활성화되면 종종 대인관계에서 갈등을 초래한다. 이를 방치하면 평생 문제가 생길수 있다. 편도체가 제대로 기능하지 않으면 불안과 우울을 경험할 수 있으며, 이를 삶의 다른 압력 때문으로 오인할 수 있다. 따라서 뇌를 건강하게 유지해야 할 이유는 많다.

지금까지 분명히 경험했겠지만 마스터 멘토의 통찰 중 다수는 새로운 관점에서 세상을 바라보면서 소위 머릿속의 전구를 켜기 위한 것이다. 다만 이 장에서 다룰 혁신 통찰은 전구를 켜기보다 전구 자체를 보호하는 데 중점을 둔다.

나는 각각 6세, 8세, 10세인 어린 아들들이 (아직은) 뼈가 부러지거나 병원에 실려간 적이 없다는 점을 자랑스럽게 생각한다. 다만 그 대가로 아이들이 재미를 적게 누렸을 수는 있다. 내가 모험을 신중하게 제한하기 때문이다. 과도한 제한이 더 정확한 표현일지도 모르겠다. 내가 이 사

마스터 멘토의 통찰 중 다수는 새로운 관점에서 세상을 바라보면서 소위 머릿속의 전구를 켜기 위한 것이다. 다만 이 장에서 다룰 혁신 통찰은 전구를 켜기보다 전구 자체를 보호하는 데 중점을 둔다.

실을 공개하는 이유는 에이멘 박사의 통찰이 당신의 뇌를 보호하기 위해 재미와 모험을 억누를 수도 있기 때문이다.

나는 10년 넘게 에이멘 박사와 알고 지냈으며, 내가 가장 좋아하는 《그것은 뇌다》를 비롯하여 그의 책을 여러 권 읽었다. 그는 정신과 전문의이자 신경과학자로서 사람들이 하나의 장기를 보살피도록 돕는 일에 직업적 삶의 대부분을 할애했다. 많은 전문가는 이 장기에 대해 사실상 아무런 이야기를 하지 않으며, 대다수 건강검진에서도 이 장기를 살피지 않는다. 의료 전문가들은 심장, 폐, 피부, 눈, 청력, 혈압 그리고 신장, 대장, 유방을 비롯한 다른 거의 모든 주요 신체 기능을 검사할 수 있다. 하지만 '가벼운' 뇌진탕을 겪은 경우 말고 마지막으로 뇌를 검사한 적이 언제인가?

적어도 다니엘 에이멘 박사가 내 표현으로는 '뇌의 닥터

오즈Dr. Oz ●로 등장하기 전까지는 그런 적이 없
었다.

다니엘 에이멘은 에이멘클리닉Amen Clinics을
설립하고 10여 권의 베스트셀러를 썼다. 그는 뇌 관리뿐 아니
라 정신질환을 치료하는 방법에 대한 자연스러운 대화를 유
도한다. 뇌 건강을 다룬 사실상 모든 방송에 출연했으며, PBS
공영방송의 최대 기금 모금자다. 주말에 PBS에 채널을 맞춰
두면 그를 10여 번씩 보게 될 가능성이 크다.

나는 에이멘 박사가 보여주는 뇌 건강에 대한 대단한 열정
을 존중한다. 하지만 다른 모든 사람처럼 나의 뇌를 제대로
챙기지 않는다. 그래서 도넛과 블루 치즈를 먹는다(그가 이 글
을 읽는다면 분명 전화를 걸거나 문자를 보낼 것이다). 내가 에이멘
박사에 대해 가장 좋아하는 부분은 그의 동기다. 그는 사람들
의 건강을 신경 쓴다. 자신의 환자가 온전한 삶을 누리기를
바랄 뿐 아니라(미국 전역에 9개의 에이멘클리닉이 있다) 더 길고,
풍요롭고, 만족스러운 삶을 살기 위해 습관을 바꾸도록 진심
으로 노력한다.

많은 의사는 약물로 병을 치료하는 표준적인 접근법을 취
한다(또는 의사가 아닌 많은 사람은 약초나 다른 자연요법 해결책만 찾
는다). 에이멘 박사는 두 측면과 그 사이의 모든 의견에 대한
전문가다. 거기에는 운동, 식생활, 사회적 교류 그리고 개인에
게 세심하게 맞춰진 수많은 선택지가 포함된다. 나는 그가 기
업 임원부터 10대까지 나의 많은 친구에게 조언하는 모습을

보았다. 그는 그들의 경험에 대한 이야기를 듣고 난 후 같은 프로그램을 두 번 처방한 적이 한 번도 없었다.

하지만 세계적으로 유명한 신경과학자를 친구로 두는 일에는 단점도 있다. 같이 식당에 가는 경우가 거기에 해당한다 (약간의 조언을 하자면 식당에 가기 전에 미리 뭔가 먹어두어라!). 에이멘 박사와 저녁을 먹는 것은 교황과 대미사에 참석하는 것과 같다. 그것도 당신이 교황을 **바라보는** 게 아니라 교황이 바로 **옆**에 앉아서 당신이 기도를 제대로 하는지 듣는 것과 같다. 간단히 말해서 아주 부담스럽다. 그래도 에이멘 박사는 그런 방식을 좋아한다!

하지만 이 장에 담긴 통찰은 식생활이 아니라 당신의 뇌 그리고 당신이 아끼는 사람의 뇌가 물리적 손상을 입지 않도록 보호하는 일에 대한 것이다(그래도 분명히 해두자면 나는 에이멘 박사에게서 식생활, 운동, 정신적 자극 그리고 정서적 건강이 좋은 뇌 기능을 유지하는 일뿐 아니라 치매와 알츠하이머병의 발생을 늦추는 일에서 어떤 역할을 하는지에 대해 엄청나게 많은 것을 배웠다).

우리 모두가 뇌를 보호해야 한다는 에이멘 박사의 줄기찬 조언은 가장 기본적인 수준에서 출발한다. 미식축구나 축구, 스케이트보딩같이 이제는 누구나 즐기는 활동을 할 때 헬멧을 쓰라는 것이다. 내 경우는 아들에게 호버보드를 사주는 바보 같은 결정을 하는 바람에 잔소리를 들었다("하지만 아빠, 찰리는 6개월 동안 탔는데 한 번도 넘어지지 않았다고요!").

이 통찰이 재미를 반감시키기를 바라지 않는다. 하지만 때로는 타당한 조언이다. 에이멘 박사는 우리 뇌가 얼마나 섬세하게 구성되었는지 줄기차게 가르친다. 뇌는 젤리처럼 무르다. 이 사실만 해도 경각심이 들게 한다. 어린 시절에 축구를 하면서 골을 넣으려 노력하거나, 더 심하게는 10대 아들이 가을 시즌 동안 금요일 저녁에 미식축구를 하다가 바닥에 내동댕이쳐지는 게 뇌에 얼마나 충격을 가할지 생각하면 더욱 그렇다(나는 얼마 전에 이 이야기를 했다가 페이스북과 링크드인에서 수천 명의 텍사스 팔로워를 잃었다). 더욱 두려운 사실은 우리의 두부 같은 뇌가 두개골에 싸여 있다는 것이다. 두개골은 뇌를 보호하기 위한 것이지만 부서지면 대단히 뾰족하고 날카롭게 변한다. 이는 가족용 성경에 알코올을 바르고 가스레인지 근처에 두는 것과 같다. 그래서 내게는 약간의 설계 결함처럼 보인다(혹시 당신이 교황 옆에 앉아 있다면 그에게 물어보라).

나는 에이멘 박사를 인터뷰하면서 우리 뇌가 일상적인 활동에서 맡는 역할뿐 아니라(대다수 의학적 논의는 심장이나 다른 장기에 초점을 맞추기 때문에) 아버지로서 세 아들의 젤리 같은 기관을 보호해야 할 책임을 잘 이해하게 되었다. 그래서 특정 스포츠를 일방적으로 선택지에서 제외했다. 내 소셜미디어 계정에 우리 아이들이 테니스 치는 모습이 많이 올라오는 이유가 거기에 있다. 테니스는 나와 에이멘 박사가 두부頭部 외상을 초래할 가능성이 가장 작을 것이라고 판단한 스포츠다.

내가 미쳤다고 말해도 좋다. 신경 쓰지 않는다. 나는 친구와 이웃이 뇌를 보호해야 한다는 간단한 주의사항을 지키지

84

않아서 삶이 영원히 바뀌는(또는 끝나는) 경우를 가까이에서 지켜보았다. 당신은 내 친구이자 멘토인 스티븐 R. 코비 박사가 자전거 사고에 따른 뇌 손상으로 사망했다는 사실을 알지도 모른다(그는 헬멧을 쓰고 있었지만 끈을 제대로 조이지 않았다).

지금쯤이면 당신은 내가 나약하다고 생각할 것이다(당신이 텍사스 사람이라면 더 그럴 것이다). 하지만 나는 에이멘 박사의 말을 들으면서 깨달음을 얻었다. 에이멘 박사는 정신과 전문의이자 뇌 영상 전문가로서 거의 18만 명의 뇌를 촬영했다. 그는 무해하게 보이는 활동을 하다가 평생 갈 타격을 입는 경우에 대해 이야기한다. 가령 중학생이 태클을 당해서 회복 가능하지만 우려스러운 뇌진탕을 겪거나, 더트 바이크dirt-bike 사고로 즉각적인 외상을 입지는 않았지만 학교생활, 연애, 경력에 지장이 생기거나, 어린 쌍둥이가 2층 침대에서 굴러서 머리부터 떨어진 후 오랜 세월이 지나서야 여러 번의 이혼, 파산, 전반적인 대인관계의 문제가 30년 전에 치료받지 못한 뇌 손상과 관련이 있다는 사실을 깨닫는 경우 등이 있다.

그렇다면 우리 모두가 헬멧을 쓴 채 돌아다니고, 코코넛오일을 발라서 치아 시드를 묻힌 블루베리를 먹어야 할까?

그렇다. 하지만 그건 말이 안 된다. 내 아내는 말이 된다고 생각하는 것 같지만 말이다. 슬프게도 에이멘 박사는 부부 상담사가 아니다.

우리가 해야 할 일은 에이멘 박사의 평생에 걸친 주장을 명심하는 것이다. 우리 자신의 뇌뿐 아니라 충분히 나이가 들어서 뇌가 얼마나 연약한지 알고 스스로 적절하게 돌볼 때까지 아이들의 뇌를 보호해야 할 필요성을 성실하게 이해하는 것이다. 우리 아이들은 트램펄린에서 뛰지 않는다(이것은 피해야 할 또 다른 악몽이다). 우리는 모든 바퀴 달린 것을 탈 때 헬멧을 쓴다. 그래도 많은 스포츠와 가족 활동에서 재미를 찾고 도전하면서 즐겁게 논다(물풍선은 필수품이다).

가족, 친구, 동료에게 특별한 선물을 하고 싶다면 그들의 주위 사람(배우자, 자녀, 인척, 이웃)이 화를 잘 내거나, 쉽게 짜증 내거나, 오랫동안 건강한 관계를 맺지 못하거나, 직장을 자주 바꾸는 것이 실은 진단과 치료가 되지 않은 뇌 손상 때문일지 모른다는 인식을 심어주어라. 그런 경우 에이멘클리닉닷컴 Amenclinics.com을 방문하거나, 에이멘클리닉서 상담받아볼 것을 권한다. 어쩌면 결혼생활을 구하거나, 심지어 생명을 구할 수 있을지도 모른다. 당신이 그 대상이 될 수도 있다.

이 통찰이 약간은 특이한 사례에 해당되며, 과장되게 느껴질 수 있다는 걸 안다. 굳이 고맙다는 말은 하지 않아도 된다.

통찰 ⌐

뇌를 볼 수 없다고 해서 뇌가 없는 것은 아니다. 심장, 폐, 피부 그리고 다른 두드러진 장기만큼 뇌를 보호하는 데 노력을 투자하라.

질문 ⌐

생명을 구하기 위해 가족이나 지역사회에서 기피당하는 사람이 될 의지가 있는가? 과장되었다고? 맞다. 정확하다고? 더더욱 맞다.

10

역사의 올바른 편에 서라

Be on the
Right Side of History

스탠리 맥크리스털   STANLEY MCCHRYSTAL

미국 육군에서 34년 이상 복무한 후 4성 장군으로 은퇴했다. 그의 마지막 임무는 아프가니스탄에 주둔한 모든 미군과 연합군을 지휘하는 것이었다. 이후 컨설팅 회사 맥크리스털그룹을 설립해 리더들이 복잡한 변화를 탐색하고 더 강력한 팀을 구축하도록 돕고 있다. 예일대학교 잭슨 국제문제연구소의 선임 연구원이다.

4성 장군인 맥크리스털 같은 군사 지도자를 만난 것은 내가 쌓아온 경력의 하이라이트였다. 우리 가족은 아버지가 주 방위군에서 복무한 것을 제외하면 군대와 관계가 없는데도 그렇다. 민주주의와 삶의 방식을 수호하는 사람들에 대한 나의 존경심은 더없이 높았지만, 나는 군대를 직접 경험한 적이 거의 없었다. 그래서 맥크리스털 장군을 게스트로 모신 것이 실로 영광스러웠다. 우리는 철저하게 실용적이면서도 영감을 안기는 그의 책, 《리더: 속설과 현실 Leaders: Myth and Reality》에 대해 이야기했다.

이제야 인정하자면 나는 맥크리스털 장군이 인터뷰에서 무례하게 구는 사람들을 겪었는데도 우리 요청을 수락했다는 사실에 약간 놀랐다. 또한 나는 많은 사람이 정치나 미국의 국제적 개입주의와 전쟁, 또는 열린 자세로 그의 혁신 통찰을 받아들이지 못하게 하는 다른 합당한 논쟁적 주제에 대해 강경한 의견을 갖고 있다는 사실을 안다. 당신이 그런 범주에 속한다면 그가 미국을 위해 헌신적으로 봉사했다는 점을 고려해 이런 문제에 대한 판단을 유예하고 진심으로 이 이야기를 들어주기 바란다. 존경받는 전 국방부 장관인 로버트 게이츠는 맥크리스털 장군을 가리켜 "내가 만난 최고의 전사이자 전투원들의 리더"라고 평가했다. 나를 단순한 사람이라 불러도 좋다. 하지만 나는 이런 평가로도 충분하다.

나는 서로의 친구이자 유명한 스탠퍼드대학교 교수, 저술가, 사업가, 제트블루 에어웨이스 의장, 프랭클린코비 이사인 조엘 피터슨을 통해 맥크리스털 장군을 알게 되었다. 조엘은 내가 아는 가장 인맥 넓은 사람 중 하나이며, 오로지 최고의 능력과 인품을 갖춘 사람하고만 어울린다(그런데 왜 나와 친구가 되었는지 궁금하겠지만 말이다!). 나는 맥크리스털 장군을 인터뷰하기 전에《리더: 속설과 현실》을 읽었다. 그리고 무엇이 이 장의 혁신 통찰이 될지 바로 알았다. 약간의 예고를 하자면 그것은 역사의 올바른 편에 서는 일과 관련이 있다.

잊어버린 사람이 있을지 몰라서 이야기하자면, 맥크리스털 장군은 2000년대 중반에 아프가니스탄에서 벌어진 군사 작전을 지휘한 것을 정점으로 수십 년 동안 육군에서 복무한 후 퇴역했다. 그의 군 경력은 〈롤링스톤〉이 그와 참모들의 경멸적인 발언을 담은 인터뷰 기사를 내보낸 후 갑작스럽게 끝났다. 이 기사에서 그들은 최고위 정부 관료들을 조롱하는 것처럼 보였다. 뒤이은 파문으로 그는 당시 대통령이던 버락 오바마에게 사직서를 냈다. 다음과 같이 핑계 없는 사과문도 발표했다. "기사의 내용에 대해 진심으로 사과드립니다. 그것은 부실한 판단으로 인한 실수였으며, 결코 일어나지 말았어야 하는 일이었습니다. 저는 군인으로 일하는 동안 개인적 명예와 직업적 도덕성의 원칙에 따라 살았습니다. 기사에 실린 내용은 그 기준에 미치지 못했습니다."[1] (아프가니스탄의) 동굴에서 산 게 아니라면 이 사건이 기억날 것이다.

당신은 한 번도 말실수를 하고 후회한 적이 없다면 이 장을 건너뛰어도 된다. 그렇지 않은 사람들을 위해 지금부터 혁신 통찰을 제시하겠다.

　　맥크리스털 장군의 아내인 애니는 결혼한 첫해에 그에게 줄 선물로 25달러짜리 로버트 E. 리*의 초상화를 샀다. 맥크리스털 장군은 어린 시절에 리 장군을 존경했고, 리 장군의 집 근처에서 자랐으며, 심지어 워싱턴 리 고등학교에 다녔다. 또한 육군사관학교를 다니는 동안 리 생활관에서 지냈으며, 많은 사람처럼 군과 나라에 헌신한 리 장군을 추앙했다. 많은 사람이 리 장군을 단호하면서도 정중한 리더로 존경했다. 거기에는 링컨 대통령도 포함되었다. 링컨은 리 장군을 소장에 임명하고 연방군 지휘관 자리를 제안했지만 리 장군은 결국 거절했다. 역사적인 맥락에서 리 장군의 자리를 원하는 대로 정해도 좋다. 어쨌든 그는 지휘 능력과 의무에 대한 헌신으로 수많은 사람(링컨, 루스벨트, 아이젠하워 대통령을 포함하여)에게 배움과 존경의 대상이었다.

　　그러나 2017년에 변화가 생겼다. 사회적 정의를 요구하는 2020년의 시위와 소요가 발생하기 오래전에 버지니아주 샬러츠빌에서 대부분의 사람이 혐오스럽게 생각하는 사건이 발생했다. 바로 '유나이트 더 라이트'라는 백인 우월주의 시위였다. 이 시위에는 백인 국수주의자, 네오나치, KKK단 그리고 다른 혐오 집단도 참여했다. 그들은 맞불 시위를 벌인 사람들과 충돌했다. 양측의 충돌은 골수 네오나치가 차를 몰고 맞불 시위자들을 향해 돌진하면서 절정에 이르렀다. 1명의 여

* 미국의 군인이자 교육자. 남북전쟁 당시 남군 사령관이었다. 전쟁에서 패했으나 '남부의 영웅'으로서 명성을 얻었고, 후에 워싱턴대학교 학장을 지냈다.

성이 사망하고 19명이 다친 이 사태는 몇 년에 걸친 격앙된
갈등을 촉발했다. 해묵은 분노와 고통이 드러나기 시작했고,
전국의 지역사회가 마침내 자신들의 인종적 관점과 직면했
다. 그 과정에서 자주 나타난 상징적인 양상은 남북전쟁과 관
련된 인물의 동상을 제거하고, 그들의 이름이 붙은 학교 건물
의 이름을 바꾸는 문제를 둘러싼 논쟁이 벌어지는 것이었다.
지자체도 긴장감이 고조된 가운데 공원과 다른 정부 소유 시
설의 이름을 바꾸는 결정을 내려야 했다.

　이 끔찍한 사건이 발생한 직후에 맥크리스털 부부는 한 달
동안 토론을 벌였다. 그의 아내는 리 장군의 그림을 내리자고
했다. 샬러츠빌에 있는 그들의 집을 방문하는 손님이 오해할
수 있다는 것이었다. 그녀가 보기에는 리 장군에 대한 맥크리
스털 장군의 존중이 혐오스러운 주장에 대한 지지처럼 비칠
수 있었다. 게다가 샬러츠빌에서는 리 장군의 동상을 제거하
는 문제와 관련된 논쟁으로 근래에 시위까지 벌어진 터였다.
맥크리스털 장군은 이 사건을 공개적으로 규탄했다. 그래도
그는 아내의 조언을 따를지 한 달 동안 고민했다. 결론은 아
내의 선물이고, 41년 동안 집에 걸려 있었으므로 계속 걸어두
겠다는 것이었다.

　하지만 그는 얼마 후 어느 일요일에 그림을 내려서 쓰레기
통에 버렸다.

　어떤 사람들은 그가 왜 그림을 없애는 데 그렇게 오랜 시
간이 걸렸는지 궁금할 것이다. 잠재적 대통령 후보인 그가 남

북전쟁 동안 노예제를 지키기 위한 싸움을 이끈 사람을 존중하는 이유가 궁금한 사람도 있을 것이다. 리 장군에 대해 공부한 적이 있는 사람은 그가 아주 복잡한 인물임을 안다. 우리가 존경하는 그의 시대 이전과 이후의 많은 대통령도 그렇다. 나는 자리만 마련되면 맥크리스털 장군이 미국의 역사와 리 장군 및 그의 시대에 활동한 다른 장군들의 명예로운 군 경력에 대해 많은 사람을 가르칠 수 있을 것이라고 확신한다. 이는 절대 리 장군이나 노예제라는 추악한 역사와 관련된 다른 미국인을 변호하려는 말이 아니다. 또한 곧 설명할 혁신 통찰과도 아무 상관이 없다.

그런 평가는 다른 책에 맡겨두기로 하자.

앞서 역사의 올바른 편에 선다는 표현을 썼다. 이는 대개 대법관, 대통령, 상원의원, 하원의원 또는 다른 선출직 관료에게 해당되는 표현이다. 맥크리스털 장군이 2020년 여름에 리 장군의 그림을 내렸다면 그런 사례에 포함할 가치가 없었을지도 모른다. 우리 모두는 조지 플로이드와 다른 흑인들이 사망한 이후 몇 주 동안 많은 교훈을 얻었다. 이런 순간들은 끔찍하게도 전 세계의 주목을 받았으며, 마틴 루서 킹 박사와 그 전후의 다른 사람들이 이끌었던 오랜 투쟁을 대표했다. 50대 백인인 나는 개인적으로 '흑인의 생명은 소중하다Black Lives Matter'의 의미를 그때 처음으로 깊이 생각했다. 또한 백인의 특권이 무엇을 의미하는지 이해하고 인정했으며, 그런 표현을 불편하게 여기기보다 성찰의 계기로 삼았다. 그리고 나와 생각이 비슷하거나 다른 친구, 가족, 이웃, 심지어 회사 동료와의 대화를 통해 수많은 교훈을 얻었다.

다만 이 장의 요점은 그런 일이 생기기 3년 전에 맥크리스털 장군은 자신의 가족과 집이 제공하는 프라이버시 속에서 조용히 도덕성을 발휘해 결정하고 행동을 취했다는 것이다. 그는 오랫동안 자리 잡은 관점을 뒤집고 생각을 바꿨다. 그의 관점은 진화했다. 그는 새로운 현실을 받아들였다. 주위에서 대규모 사회운동이 일어났기 때문이 아니라 아내가 리 장군의 그림이 지니게 된 의미를 상기시켰기 때문이다. 그 의미는 맥크리스털 장군의 정체성 및 가치관과 거리가 멀었다. 이것이 바로 역사의 올바른 편에 선다는 말의 의미다. 즉, 뚜렷한 부조화를 인식하고 대의에 맞게 행동하는 것이다. 설령 과거에 소중히 여기던 신념을 반박하거나, 진화시키거나, 심지어 버려야 한다고 해도 말이다. 이런 선택이 쉬울 때도 있지만 그렇지 않은 경우가 더 많다.

역사의 올바른 편에 서는 것은 리더십 역량이다. 리더는 생각을 바꿀 의지와 능력을 갖춰야 한다. 다만 대충 미적거리다가 최신 주장이나 입장에 맞추어 자신을 브랜딩하는 것이 아니라 진정성 있게, 사려 깊게, 의도적으로 상반되는 관점을 고려해야 한다. 그러기 위해서는 크고 작은 사적이거나 공적인 문제에서 종종 장기적 승리를 위해 단기적 이득을 버릴 수 있도록 충분한 자신감과 겸손함이 필요하다.

역사의 올바른 편에 서기 위해 앞장서서 난관에 맞서는 사람은 타의 모범이 된다. 리더가 새로운 팩트, 문화적 변화, 중요한 변곡점 앞에서 이런 모습을 보이면 팀원도 같은 일을 할 힘을 더 많이 얻는다.

　우리 모두가 이 기준을 토대로 우리의 정치적·사회적 입장뿐 아니라 조직, 사회적 모임, 종교 기구의 공식적 리더는 물론 삶에서 맡는 모든 역할을 통해 내리는 결정을 더욱 깊이 고려할 것을 제안한다. 우리는 한 걸음 물러서서, 이미 자리 잡은(다수는 깊이 심어진) 입장과 신념에서 벗어날 수 있을까? 다른 사람들을 위해 더 많은 연민, 겸손, 인류애를 지닐 수 있을까? 생각을 바꾸고 역사의 올바른 편에 서는 일은 언제나 약함이 아니라 강함의 징표일 것이다. 나는 잘 알려진 군 경력을 통해 수많은 업적을 쌓은 맥크리스털 장군 같은 사람이, 집에서 혼자 조용히 도덕성을 발휘한 행동으로 내게 가장 큰 영감을 주었다는 데서 강한 동기를 얻는다.

세계적인 유명세와 영향력을 지닌 출판사, 사이먼앤슈스터와 관련된 또 다른 사례가 생각난다. 근래에 유명하고 존경받는 CEO인 캐럴린 라이디가 오랜 재임 후에 사망했다. 이후 그녀의 동료인 조너선 카프가 CEO로 승진

> 우리는 한 걸음 물러서서, 이미 자리 잡은(다수는 깊이 심어진) 입장과 신념에서 벗어날 수 있을까? 생각을 바꾸고 역사의 올바른 편에 서는 일은 언제나 약함이 아니라 강함의 징표일 것이다.

했다. 곧 신임 수석 부사장과 발행인을 외부에서 영입하겠다는 발표가 나왔다. 이 자리를 맡기 위해 들어온 사람은 퓰리처상 운영위원장으로 잘 알려져 있으며, 조너선이 수년 동안 영입하려 했지만 실패했던 데이나 케너디였다. 〈뉴욕타임스〉에 실린 기사에서 데이나는 자신이 해당 직위를 맡은 세 번째 여성이자 첫 번째 흑인이 된 시점에 대해 이렇게 이야기했다. "지금은 갑자기 모두가 유색인종과 여성을 이사회에 추가하고 회사에 영입하려는 인종문제 청산의 시대입니다. 하지만 조너선은 2년 전부터 저와 대화를 시작했다는 점에서 공을 인정받아야 합니다…. 그렇게 해야 그 회사에 들어가고 싶은 마음이 생겨요. 그가 그저 흑인 발행인을 원한다고 생각했다면 그 자리를 맡지 않았을 겁니다."[2]

조너선 카프가 '역사의 올바른 편에 선' 사례를 든 이유가 있다. 사이먼앤슈스터는 이 책을 출판한 출판사가 아니다. 그러나 그와 직원들은 모든 리더와 산업에 대해 우월한 모범을 보였다. 그는 맥크리스털 장군처럼 원칙에 따라 행동했다. 사회적 압력이나 현재 사회에서 인기를 얻어 유행하는 것을 따른 게 아니었다. 두 사람이 더 일찍 행동할 수도 있었다고 생각하는 사람이 있을지 모른다. 그들을 비롯한 우리 모두는 "나무를 심을 가장 좋은 때는 20년 전이었다. 두 번째로 좋은 때는 지금이다"라는 중국 속담에서 교훈을 얻을 수 있다.

의식하든 아니든 당신은 역사적 유산을 남긴다. 지금 역사의 올바른 편에서는 선택을 하라. 그러지 않으면 나중에 잘못된 편에서 사상자가 될 수밖에 없다.

사학자가 당신이 내린 결정을 기록한다면, 어떤 일을 멈추고 다르게 할 것인가?

11

완전하게 솔직하라

Radical Candor

킴 스콧   KIM SCOTT

캔더의 공동 창립자이자 CEO. 드롭박스, 퀄트릭스, 트위터를 비롯한 다양한 IT 기업에서 자문 위원으로 일했다. 애플대학교 교수를 지냈고 그 전에는 구글에서 애드센스와 유튜브, 더블클릭의 온라인 세일즈 및 운영 부문을 이끌었다. 코소보에서 소아과 클리닉을, 모스크바에서 다이아몬드 가공 업체를 운영한 특이한 경력의 소유자다. 저서《실리콘밸리의 팀장들》은 아마존 올해의 책으로 선정되었다.

'이건 내가 썼어야 할 책이야!' 어떤 책을 읽고 이렇게 생각한
적이 있는가? 내 경우는 킴 스콧이 쓴《실리콘밸리의 팀장들》
이 그랬다. 이 책은 집필에 4년이 걸린 대단한 명저다. 그녀는
여러 실패한 스타트업에서 일하고 구글과 애플에서 중요한
직책을 맡은 인상적인 경력을 바탕으로 이 책을 썼다.

　때로 살다 보면 동료가 책을 추천하는 경우가 있다. 그럴
때면 내게 개선할 점이 있어서 그러는 것인지 아니면 잘하
고 있다고 확인시키려고 그러는 것인지 궁금해진다. 기쁘게
도 나의 친구이자 프랭클린코비의 동료인 제임스 맥더모트는
한 콘퍼런스에서 킴의 강연을 듣고 그날《실리콘밸리의 팀장
들》을 사서 우리 집까지 와서는 꼭 읽어보라고 권했다. 다행
히 그는 책을 건네주면서 나의 고유한 리더십 브랜드에 맞기
때문에 마음에 들 거라고 말했다. 문제를 바로잡기 위한 처방
이 아니라 칭찬의 수단으로 책을 선물받는 일은 직장생활을
하면서 한 번 정도밖에 일어나지 않는다. 당신의 독서 목록이
내가 추천한 책들로 늘어나기를 바란다. 이제 거기에《실리콘
밸리의 팀장들》을 추가하라. 이 책은 사람을 이끄는 모든 리
더가 의무적으로 읽어야 한다.

　킴은 직장생활 초기에(이상하게도 러시아 다이아몬드 가공 회사
에서 일하면서) 리더십은 "같이 일하는 사람에게 신경
쓰는giving a damn 것"임을 배웠다. 어쩌면 더 부드러운
표현을 쓸 수 있을지도 모른다. 그러나 킴이 쓴 책의
제목은 '세심한 솔직함Delicate Candor'이 아니다.* 킴은

● 《실리콘밸리의 팀
장들》의 원제는 '완전
한 솔직함 Radical Candor'
이다.

리더들에게 완전한 솔직함의 가치를 가르치는 데 경력 전부를 바쳤다. 이는 직원들의 자기인식과 전체 팀의 성과 그리고 문화를 바꿀 수 있는 유형의 리더십과 의사소통을 가리킨다. 그 내용은 같이 일하는 사람들을 깊고 개인적인 차원에서 신경 쓰는 것이다. 또한 필요할 때 그들에게 직접적으로 문제를 제기하고, 일에서 진정한 인간관계를 맺는 것이다.

우리 회사의 공동 창업자인 스티븐 R. 코비 박사와 그의 장남인 스티븐 M. R. 코비가 평생 매진한 일이 바로 그것이다. 스티븐 M. R. 코비는 자신의 주요 저서인 《신뢰의 속도》에서 리더가 팀원들에게 줄 수 있는 최고의 선물은 맹점에 대한 피드백이라고 말한다.

킴의 지적에 따르면 직원을 '다정하게' 대하고 '그들의 감정을 상하지' 않게 하려고 애쓰는 리더가 너무나 많다. 그 결과 그들은 자신이 모범을 보이고 구축해야 할 사내 문화에 이런 정서를 과도하게 조장한다. 그들은 직원이 불편하게 여길까 봐 특정한 행동과 결과에 문제를 제기하지 않는다. 그에 따라 최고 성과자가 의욕을 잃어버리고, 아예 그만두는 경우도 많다. 매일 전 세계에 있는 수많은 팀에서 이런 악순환이 반복된다. 이는 100퍼센트 리더의 잘못이다. 상황을 바꿀 책임도 100퍼센트 리더에게 있다. 또 다른 잘못은 저성과자에게 개선할 기회를 주지 않다가 결국 해고하는 것이다. 이는 전혀 다정한 게 아니다. 이런 경우 리더는 구체적이고, 용기를 불어넣으며, 완전한 솔직함을 발휘하는 대화를 나눌 풍부한 기회를 놓친 게 분명하다. 그러나 그런 대화는 저성과자의 일자리를 지켜주고, 심지어 향후 경력의 궤도까지 바꿔놓을 수 있다. 그들에게 자신에 대한 인식을 심어주고 무엇을 성공으로 볼 수 있는지 명확하게 알려주면 생활과 생계가 나아질 것이다.

이와 관련하여 나는 킴이 구글에서 셰릴 샌드버그를 위해 일하면서 얻은 경험보다 더 나은 사례를 들은 적이 없다. 실제로 이 사례는 가치가 매우 높다. 그래서 킴의 허락을 받아서 다음에 인터뷰 내용을 그대로 싣는다. 킴의 이야기를 그녀 자신의 목소리로 전하고 싶다. 그러면 이제 출발하니 손잡이를 꽉 잡아라.

스콧 밀러 저의 리더십 뮤즈를 만난 것 같은 기분이 듭니다. 킴, 앞서 대단한 이야기를 들려주셨죠? 구글에서 당신의 상사 그리고 설립자 래리 페이지와 있었던 일에 대한 이야기였던 것으로 기억하는데요. 덕분에 회사에서 가장 높은 사람이 '완전한 솔직함'이라는 개념의 모범을 보이고, 이를 통해 문화를 바꾸는 일의 필요성과 값을 따질 수 없는 가치를 이해하셨다고요. 그 이야기를 천천히 들려주시겠습니까? 제 생각에는 거기에 리더십에 대한 대단히 훌륭한 교훈이 담겨 있는 것 같아요.

킴 스콧 네. 제가 구글에 입사한 지 얼마 안 돼서 창립자들과 CEO에게 프레젠테이션을 하게 됐어요. 애드센스 사업의 현황에 대한 프레젠테이션이었죠. 회의실로 들어가니까 창립자 중 한 명인 세르게이 브린이 발가락 신발을 신고 한쪽 구석에 놓인 운동기구에서 운동하고 있더라고요. 다른 쪽 구석에는 당시 CEO이던 에릭 슈미트가 있었어요. 그는 이메일에 완전히 몰입한 상태였어요. 마치 뇌가 노트북에 연결되어 있는 것 같았죠. 이런 상황을 접한 일반적인 사람이라면 모두 그렇겠지만 저는 약간 불안했어요. 어떻게 이 사람들의 주의를 끌 수 있을까, 싶더라고요. 다행히 애드센스 사업은 호조였어요. 제가 지난 2주 동안 새로 확보한 신규 고객이 얼마나 되는지 말하자 에릭은 거의 의자에서 떨어질 뻔했어요. 그는 "정말인가? 엄청나군. 필요한 게 뭐야? 마케팅 예산이 더 필요한가? 엔지니어가 더 필요한가? 어떻게 하면 이 기적을 계속 유지하도록 도울 수 있어?"라고 말했어요. 그래서 저는 회의가 잘 끝났다고 생각했어요. 사실은 제가 천재처럼 느껴졌죠. 그렇게 회의실을 나왔어요.

나가는 길에 상사인 셰릴 샌드버그를 지나쳤어요. 저는 하이파이브를 하거나, 어깨를 두드려주거나, 뭐 그런 걸 기대했어요. 하지만 셰릴은 "내 사무실로 같이 갈까?"라고 말했어요. '이런, 내가 뭘 잘못했구나'라는 생각이 들더군요. 분명 한 소리를 들을 줄 알았어요. 그런데 셰릴은 회의에서 잘한 부분에 대한 이야기로 대화를 시작했어요. 소위 '피드백 샌드위치'를 만들려는 건 아니었어요. 칭찬했다가, 비판했다가, 칭찬하는 스타일 말이죠. 저는 언제나 그걸 오해해요.

물론 저는 잘못한 게 뭔지 듣고 싶었어요. 마침내 셰릴은 제게

"발표할 때 '음'이라고 많이 했어. 혹시 알고 있어?"라고 말했어요.

저는 손을 내저으며 "네. 그냥 말버릇이에요. 별거 아니에요"라고 대답했어요.

그러자 그녀는 "아주 유능한 스피치 코치를 알고 있어. 아마 회사에서 비용을 대줄 거야. 소개해줄까?"라고 말했어요.

저는 다시 손을 내저으며 "아뇨, 바빠요. 스피치 교육을 받을 시간이 없어요"라고 말했어요.

그러자 셰릴이 말을 멈췄어요. 그녀는 저를 똑바로 바라보더니 "손을 내젓는 걸 보니 단도직입적으로 말해야 할 것 같군. 세 마디를 할 때마다 '음'이라고 하면 멍청하게 들려"라고 말했어요.

그제야 저는 온전히 주의를 기울였어요. 멍청하게 들린다고 말하는 게 심하다고 생각하는 사람도 있을 거예요. 하지만 사실 그건 셰릴이 그때 저를 위해 해준 가장 다정한 말이었어요. 제게 그렇게 말해주지 않았다면(그리고 그녀는 저보다 경청을 잘하는 다른 팀원에게는 그런 말을 하지 않았을 거예요) 스피치 교육을 받으러 가지 않았을 테니까요. 그녀가 과장하는 게 아니라는 것도 깨닫지 못했을 거예요. 저는 실제로 세 마디마다 '음'이라고 했어요. 그런데도 그 사실을 처음 알았어요. 그때까지 내내 프레젠테이션을 해왔는데 말이죠. 실제로 두 스타트업을 위해 투자를 유치하는 프레젠테이션도 했어요. 그래서 제가 꽤 잘하는 줄 알았어요.

문득 '왜 누구도 내게 말해주지 않았지?'라는 생각이 들었어요. 마치 지금까지 이 사이에 커다란 시금치가 끼어 있는데 누구도 예의 있게 그 사실을 말해주지 않은 상태로 직장생활을 한 기분이었어요. 알았다면 진작 뺐겠죠. 그래서 어떻게 셰릴은 제 문제를 그토록 쉽게 지적할 수 있었는지, 보다 흥미롭게는 왜 다른 사람들은 그러지 않았는지 궁금했어요. 저는 셰릴의 경우 2가지 이유로 압축할 수 있다는

"심하다고 생각하는 사람도 있을 거예요. 하지만 사실 그건 셰릴이 그때 저를 위해 해준 가장 다정한 말이었어요. 제게 그렇게 말해주지 않았다면 스피치 교육을 받으러 가지 않았을 테니까요."

걸 깨달았어요. 첫째, 그녀는 저를 직원이 아니라 인간으로서, 아주 인간적인 차원에서 신경 써주었어요. 둘째, 그녀는 제게 직접적으로 문제를 제기했어요.

제 가족이 병에 걸렸을 때 그녀는 "보험 처리 해줄게. 지금 공항으로 가서 비행기를 타. 우리가 도와줄게"라고 말했어요. 팀은 서로에게 그런 도움을 줘야 해요. 물론 그녀는 5,000명이나 되는 구성원 모두를 위해 그런 일을 해줄 수는 없어요. 그래도 부하직원에게는 해줄 수 있죠. 그건 정말 중요해요. 파급효과를 미치거든요. 그녀는 단기적으로 기분을 상하게 할까 봐 걱정돼서 우리에게 직접적으로 문제를 제기하지 않은 적이 없어요. 우리가 잘못하면 항상 지적해주었죠. 정리하자면 정말 간단해요. 개인적으로 신경 쓰고, 직접적으로 문제를 제기하는 게 핵심이에요.

저는 컨설팅 회사인 매킨지에서 여름 인턴을 한 적이 있어요. 경

영대학원 1학년과 2학년 사이의 여름이었죠. 그해 여름에 저는 실로 중요한 한 가지 사실을 배웠어요. 바로 삶의 모든 어려운 문제에 대해 조언하는 양상을 적절한 4분면 그래프로 정리할 수 있다는 거죠(그림 1 참조).

'개인적 관심'과 '직접적 대립'이 모두 적용되는 경우, 즉 개인적으로 신경 써주는 동시에 직접 문제를 제기하는 경우가 완전한 솔직함에 해당해요. 직접적으로 문제를 제기하지만 개인적으로 신경 쓴다는 것을 드러내지 못하는 경우는 소위 '불쾌한 공격obnoxious aggression'에 해당해요. 저는 해당 분면을 '재수 없는 인간 구역'으로 불렀어요. 하지만 지금은 그러지 않아요. 거기에는 아주 중요한 이유가 있어요. 제가 그렇게 하는 순간 사람들이

그림 1

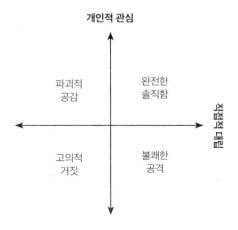

이 4분면을 이용해서 자신과 다른 사람들을 판단해요. 각 분면에 사람들의 이름을 적기 시작하죠. 제발 그렇게 하지 마세요! 이 4분면을 인성 검사 수단이 아니라 나침반으로 활용하는 것이 핵심이에요. 또 다른 MBTI 검사가 아니에요. 이 4분면을 나침반으로 활용해 개인적 대화를 보다 나은 수준으로 이끄세요. 어쨌든 지금까지는 불쾌한 공격에 대한 이야기였습니다.

한편 우리는 자신이 매몰차게 군다는 사실을 깨달아도 '개인적 관심' 측면에서 올바른 쪽으로 나아가지 않는 경우가 많아요. 오히려 '직접적 대립' 측면에서 잘못된 쪽으로 나아가서 결국 '고의적 거짓manipulative insincerity'에 처하죠. 이건 신경 쓰지도 않고, 문제를 제기하지도 않는 최악의 경우예요. 건성으로 사과하거나, 남의 뒤통수를 치거나 하는 행동이 거기에 해당하죠.

우리는 이런 일에 대해 이야기하는 걸 좋아해요. 직장에서 불쾌한 공격이나 고의적 거짓의 대상이 되면 거기에 대해 이야기하는 걸 좋아하죠. 하지만 사실 4분면에서 대다수 사람은 개인적으로 신경 쓰지만 직접적으로 문제를 제기하지 못하는 실수를 저질러요. 대개 그 이유는 상대방의 감정을 상하게 하고 싶지 않아서죠. 저는 이 마지막 분면을 '파괴적 공감ruinous empathy'이라고 불러요. 《실리콘밸리의 팀장들》은 사실 이 문제를 해결하기 위한 책이에요. 가장 흔한 문제거든요.

이제 다시 나다. 위에 나온 말에서 어떤 가치를 얻었다면 (얻지 못했다면 앞으로 돌아가서 다시 읽어보라) 《실리콘밸리의 팀장들》을 사라. 당신의 리더십 브랜드를 영원히 바꿔놓을 것이다.

　30년에 걸친 나 자신의 경력을 돌아보면 한결 성숙해지고 직업적 진전을 이루는 커다란 전환점들이 있었다. 용기 있는 리더가 평소답지 않은 모습으로 직접적이고도 명확하게 나의 해로운 행동을 구체적으로 지적했을 때였다. 그 순간에는 끔찍한 기분이 들었다. 그러나 시간이 지나고 보면 귀중한 지적이었다. 당신도 지난 경력을 돌아보면 같은 경험이 있음을 인정할 것이다. 앞서 말한 대로 최고의 리더는 직원을 너무나 아끼기 때문에 미움을 살 위험까지 감수한다. 적어도 그 순간에는 말이다.

통찰

리더로서 익숙한 영역에서 벗어나 팀원과 논의하기 어려운 문제를 논의하라. 그들에게서 피드백을 구하고 그 대가로 피드백을 주어라. 그들이 직장에서 받을 수 있는 최고의 선물이 될 것이다.

질문

어떻게 하면 주위 사람이 놓치는 맹점을 더 잘 인식할 수 있을까? 또한 용기와 배려의 균형을 맞춰서 그들이 더 나아지도록 피드백을 제공할 수 있을까? 더 나아가 어떻게 하면 자신의 맹점을 더 잘 인식하고 그에 대해 다른 사람들로부터 피드백을 받을 수 있을까?

발명하기보다 변주하라

Twist If You Can't Invent
(And Even If You Can)

도리 클라크   DORIE CLARK

세계적인 커뮤니케이션 코치이자 마케팅 전략 컨설턴트. 18세에 스미스대학교를 졸업, 20세에 하버드대학교 신학대학원 석사 학위를 취득했다. 현재는 듀크대학교의 퓨콰 경영대학원과 컬럼비아 경영대학원에서 임원들을 가르치는 외래 교수로 재직하고 있다. 경영학계의 오스카상이라 부르는 '싱커스 50'이 뽑은 세계 최고의 경영사상가 50인 중 하나다.

1980년대는 텔레비전 광고의 전성기였다. "고기는 어디 있어요?"(웬디스) "넘어져서 일어날 수 없어요"(라이프콜) "도넛을 만들 시간"(던킨도너츠) 같은 상징적인 광고 카피는 모든 사람이 쓰는 유행어가 되었다. 내가 가장 좋아하는 광고 카피는 증권회사 스미스바니의 "그들은 오랜 방식으로 돈을 법니다. 노력해서 벌죠"이다.

스미스바니의 광고 카피는 내게 도리 클라크를 연상시킨다. 그녀는 오랜 방식, 즉 노력과 끈기로 영향력과 추종자를 얻었다. 이 책에 소개된 다른 멘토는 그렇지 않다는 말은 아니다. 단지 나는 그 표현이 도리의 브랜드와 파급력을 가장 잘 설명한다고 생각한다. 나는 돈으로 200만 명의 링크드인 팔로워를 모으거나, 페이스북 좋아요와 참여도를 '외주'로 늘리는 '사상 리더'를 아주 많이 안다. 도리의 영향력과 사회적 추종 집단은 〈하버드 비즈니스 리뷰〉 기사, 팟캐스트 인터뷰, 블로그 포스트, 책, 평가, 소식지, 웨비나, 링크드인 강연 동영상 같은 귀중한 기여를 통해 매일 꾸준히 늘어났다(사실 나는 열렬한 추종자이자 무리의 구성원이다. 당신도 그렇게 되어야 한다).

나는 오랫동안 도리가 경력을 쌓아나가는 모습을 지켜보았다. 그리고 부분적으로 그 모습을 따라 했다(당연히 아직 그녀만큼 성공하지는 못했다). 그녀의 여정을 잘 모르는 사람을 위해 약간의 배경설명을 하겠다. 도리는 정치 전문 기자로 출발하여 로버트 라이시 전 노동부 장관이 매사추세츠주 주지사에 출마했을 때 언론 담당 보좌관이 되었다. 뒤이어 전 버몬트주

주지사인 하워드 딘이 2004년에 민주당 대선후보로 나섰을
때는 캠프 대변인을 맡았다. 초반에는 상황이 좋았다. 사실 아
주 좋았다. 아이오와 경선이 열린 날 밤, 딘이 유세장에서 악
명 높은 '괴성'을 지르기 전까지는 말이다.* 이후 두
어 주를 더 돌다가 딘의 유세는 끝났다. 이후 도리
는 컨설팅 기술을 연마하고 브랜드와 마케팅에 대
한 책을 쓰기 시작했다. 현재 그녀는 유명한 컨설턴
트, 베스트셀러 저자, 강연가다. 또한 가장 중요하게
는 말콤 글래드웰이 명저인《티핑 포인트》에서 말
한 '커넥터connector'의 표상이다. 글래드웰의 설명

> * 아이오와 경선에
> 서 예상 밖으로 3등을
> 한 후 지지자들에게 격
> 정적으로 연설했는데,
> 괴성으로 들릴 정도의
> "좋아요Yeah!"가 미디어
> 에서 반복 재생되면서
> 이미지에 큰 타격을 입
> 었다.

에 따르면 커넥터는 "우리를 세상과 이어주는 사람…, 우리를
사회적 집단으로 인도하는 사람…, 세상을 한데 모으는 데 특
별한 재능을 지닌 사람"이다.[1] 흥미롭게도 많은 길은 도리 클
라크에게로 이어지는 것이 아니라 도리 클라크를 통해 이어
진다.

개인적 재발명과 개인적 브랜드의 혁신에 대한 도리의 전
문성은《새로운 나 창조하기Reinventing You》《나를 경영하
라Entrepreneurial You》《스탠드 아웃Stand Out》같은 책으로 이
어졌다. 도리와〈온 리더십〉인터뷰를 하는 동안 문득 하나의
핵심 개념이 떠올랐다. 그 개념이 떠오른 순간 나는 스스로의
가치를 인정하게 되었다. 나는 언젠가 그 개념에 대한 책을
쓰게 될 것임을 알았다(그 '언젠가'가 지금이다). 의도한 것은 아
니었지만 도리는 내게 모방의 자유를 주었다.

> 도리는 내게 모방의 자유를 주었다. 그녀는 발명해야 한다는 부담감에 압도되어 얼어붙지 말고, 우리 자신을 풀어주자고 제안한다.

내가 말하는 모방은 기존의 생각을 바꾸거나, 비틀거나, 개선하거나, 혁신하는 것을 뜻한다. 그것이 그녀가 나눠준 혁신 통찰이었다.

리더는 종종 발명해야 한다. 그러나 많은 사람에게 발명은 벅찬 일이다. "오로지 천재만 발명하는 것 아닐까요? 발명은 엔지니어나 과학자 같은 사람이 하는 거예요. 저는 그런 사람이 아니에요. 발명을 할 수 없고, 하지도 않아요." 도리의 말은 내 마음가짐을 즉시 바꿔놓았다. 그녀는 나를 오랜 생각으로부터 해방시켰다. 그녀는 발명해야 한다는 부담감에 압도되어 얼어붙지 말고, 우리 자신을 풀어주자고 제안한다. 그 대신 기존 제품이나 아이디어를 비틀 방법, 다시 말해서 시장에 이미 나와 있는 상품의 접근성, 사용성, 유의성, 가시성, 수익성을 크게 바꿀 방법을 찾자는 것이다.

이런 말을 들으면 아마도 나를 신기술에 반대하는 러다이트Luddite라고 생각할 것이다('러다이트'라는 단어를 쓰는 것만으로도 부끄러워해야 마땅하다). "발명하지 말고 그 대신 개량만 하라고요? 혁신 통찰을 알려줘서 고마워요, 스콧. 이 장의 요지가 정말로 그거예요?"

맞다!

결혼식과 자선 행사를 위해 드레스나 가운을 사는 방식이 매우 비선형적으로 변화한 사례를 살펴보자. 40년 전에 사람들은 '프레젠테이션'이라는 의식을 보러 니만마커스 백화점으로 느긋하게 걸어갔다. 이는 다양한 드레스를 미리 고객에게 선보이는 행사로, 옷을 사기 위한 것인 만큼이나 (행사에 포함된 오찬을 나누며) 사교 활동을 하기 위한 것이기도 했다. 뒤이어 블루밍데일이 등장했다. 그들은 비슷한 패션을 대중에게 제공했다. 그다음으로 노드스트롬랙이 패션 산업을 혁신했다. 그들은 고급 백화점 노드스트롬의 아웃렛 버전으로, 미판매 상품을 마셜스, 티제이맥스, 튜즈데이모닝 같은 업체에 도매금으로 넘기는 게 아니라 자체적으로 재활용했다. 이것이 바로 패션 산업의 거대한 '비틀기'다.

그러다가 리얼리얼과 포시마크가 명품을 위탁받아 재판매하기 시작하면서 모든 것이 뒤집혔다. 이들은 샤넬, 구찌, 루이비통 같은 '절대적인 필수품' 시장에서 게임 체인저처럼 보였다. 하지만 뒤이어 렌트더런웨이가 같은 상품으로 구독 서비스를 제공하면서 파란을 일으켰다. 이 서비스는 소비자가 옷, 지갑, 심지어 고가 장신구까지 거의 쉼 없이 바꿀 수 있도록 해주었다. 뒤이어 트렁크클럽과 스티치픽스가 고객의 취향과 선호에 맞춘 상품을 대상으로 월간 구독 서비스를 제공했다. 인디아힉스는 홈파티 부문에서, 뷰티카운터는 직접 판매 부문에서 같은 사업을 한다. 현재 이런 사업의 목록은 끝이 없다.

니만마커스가 근래에 파산한 이유가 거기에 있다. 시장은 새로운 세분화, 풍부한 유통 채널, 가치 제안, 맞춤화로 돌이킬 수 없이 파편화되었다. 앞으로 어떤 변화가 일어날지 흥미진진하다. 53세 남성이 어떻게 이 모든 걸 아는지 궁금할 것이다. 내 아내인 스테퍼니 밀러를 소개한다. 그녀는 대부분의 소매업체를 기민하게 활용한다(UPS와 페덱스가 그녀에게 경의를 표하기 위해 화물기에 그녀의 이름을 붙였을지도 모른다). 이 일련의 산업적 발명은 처음부터 새로 시작한 것이 아니었다. 즉, 기존 방식을 계속 비틀면서 시장을 확대했다. 그 결과 수많은 백만장자가 나왔다.

에어비앤비가 부상한 과정을 생각해보라. 그들은 케먼스 윌슨이 테네시주 멤피스에 첫 홀리데이인 호텔을 지은 지 56년 후에 호텔 비즈니스를 신선한 방식으로 비틀었다. 이 샌프란시스코의 스타트업은 기술과 신뢰를 동일한 정도로 조합한 방정식을 통해 1만 3,000명의 직원을 두고 전 세계에서 4억여 명의 고객을 맞이한 기업으로 성장했다. 오랜 아이디어에 대한 그들의 비틀기는 온라인 숙박 산업을 완전히 혁신했다. 게다가 코로나 팬데믹에 대한 그들의 대응과 뒤이은 자기혁신은 그 어느 때보다 유효했으며, 향후 더 큰 성장을 이끌어낼지도 모른다.

나는 도리의 격려가 우리 머릿속에 생긴 끈질긴 아이디어의 변비를 해소할 적절한 창의적 완하제라고 생각한다. 지저분한 상상을 하게 해서 미안하다(실은 미안하지 않다). 하지만 이 비유는 내가 시카고에 살면서 부업을 시작하던 때를 상기시킨다.

2005년 무렵이었다. 나는 여행, 화폐, 장신구라는 요소를 비틀어서 독특하고 유망한 사업으로 만들었다. 계기는 한 여성이 이탈리아 리라 동전을 귀고리로 달고 있는 모습을 본 것이었다. 멋진 아이디어 같았다. 어디서 생긴 귀고리인지 묻자 그녀는 남편과 함께 이탈리아로 떠난 낭만적인 여행, 동전을 귀고리로 바꾸었던 일에 대한 향수 어린 이야기를 늘어놓았다. 나는 바랐던 것보다 많은 세부 내용까지 들어야 했다. 하지만 그녀가 이탈리아에서 경험한 일을 열정적으로 이야기하는 내내 귀고리를 소중하게 쓰다듬는 모습을 보니 더 자세히 알아보고 싶은 욕구가 생겼다. 그녀는 이제는 거의 가치가 없는(유로 덕분이다) 두 동전을 통해 진정한 즐거움을 느끼고 있었다. 내가 보기에는 거기에 사업 기회가 있었다. 나는 휴가 중 들렀던 장소에 대한 장황한 설명과 음식에 대한 회고로부터 벗어나려 애썼다. 나중에는 그녀를 비행기에 태워서 다시 이탈리아로 보내버리고 싶은 마음이 들 정도였다. 하지만 그건 좀 지나친 것 같았다.

이후 며칠 동안 나는 동전으로 만드는 장신구에 대해 밤늦은 시간까지 조사했다. 아마 시카고에서 그런 일을 한 독신 남자는 내가 유일했을 것이다. 알고 보니 동전으로 만든 귀고리, 목걸이, 반지, 팔찌를 제공하는 업체가 많았다. 고대 그리스 동전으로 만든 장신구는 수천 달러나 되었다. 50개 주를 기념하는 25센트짜리 동전으로 만든 목걸이도 있었다. 어쩌면 촌스러울 수도 있지만 그래도 누군가가 독창적으로 비튼 사업이었다. 나는 이탈리아로 휴가를 떠났던 여성과 나눈 **20분**에 걸친(농담 아님) 대화를 회고했다. 그리고 하나의 아이디어를 떠올렸다. 그것은 내가 시장에서 본 모든 것을 비튼 아이디어였다. 그 여성 그리고 그녀 같은 셀 수 없이 많은 사람의 열정을 활용할 수 있다면 어떨까? 이탈리아에 대한 그녀의 애정뿐 아니라 여행의 모든 것을 토대로 매출과 이익을 늘릴 수 있다면 어떨까(나는 다른 휴가 이야기도 지겹도록 들었다)?

그래서 나는 동전 팔찌 사업을 시작했다. 그 사업에서 도리가 말한 비틀기가 이루어진 부분은 내가 고른 '기성품' 동전으로 밋밋한 팔찌를 만드는 게 아니라, 고객이 여행을 다닌 나라나 가고 싶은 나라 또는 혈통과 관련된 나라의 동전으로 맞춤식 팔찌를 만든다는 것이었다. 고객이 어떤 이유로 특정한 동전을 원하는지에는 관심이 없었다. 내게서 동전을 사기만 한다면 말이다.

좋았어! 햄프턴스(뉴욕의 부촌)의 고급 주택이여, 기다려라! 나는 세상에 있는 모든 크루즈선이 선물 가게에서 내 맞춤식 팔찌를 파는 모습을 머릿속으로 그렸다. 평생 꿈꾸던 6일 동안 7개국을 도는 크루즈를 방금 끝내셨나요? 카지노에서 200달러를 날리지 마세요. 제 팔찌를 사서 밤에 즐긴 마이 타이 칵테일과 게 집게발을 추억하세요. 나는 어머니날 선물로 받은 내 팔찌를 찬 할머니들과 갭이어gap year에 유럽을 여행하면서 기념품으로 내 팔찌를 산 여대생들을 상상했다. 나의 팔찌는 모든 것을 가진 장모에게 줄 완벽한 선물이기도 했다. 나는 이 사업에 '세상을 당신의 손목에The World on Your Wrist'라는 이름을 붙이고 동전을 구하는 일에 나섰다. 내 태도는 러시아를 침공하면서 '아무 문제 없어, 대성공일 거야'라고 생각하던 독일과 약간 비슷했다.

그러나 동전 확보는 갈수록 어려운 일이 되어갔다. 환율이 어떻게 되는지, 동전을 대량으로 구매할 수 있는지, 보기 좋으면서도 싸게 살 수 있는 동전은 무엇인지 조사해야 했다. 알고 보니 유통 중인 돈을 할인가에 사는 것은 불가능했다(재료비를 아끼려던 내 꿈은 그렇게 날아갔다). 공급사슬 문제, 몇 시간씩 걸리는 수작업, 은 베젤 맞춤 가공, 자신이 간 곳이 세인트토머스인지 세인트존인지 헷갈리거나 영국과 스코틀랜드 화폐가 같다는 사실을 알고 실망하는 고객에게 시달린 후 결국 내 사업은 끝나고 말았다. 이 모든 것이 벅차기는 했다. 하지만 투자자 없이 사업을 성장시킬 자금을 동원하는 일은 감당할 수 없을 만큼 힘들었다. 사업이 실제로 잘되기 시작했는데도 말이다.

그래서 나는 사업을 중단했다. 하지만 내가 여전히 그 경험을 엄청난 성공으로 여긴다는 것이 중요하다. 최종 대차대조표상으로 5만 달러의 손해를 보았고, 햄프턴스로 집을 사러 가지도 못했지만 말이다. 나는 기존 아이디어를 성공적으로 비틀어서 타당한 사업으로 만들 수 있다는 통찰을 얻었다.

이 통찰은 다른 모험적 사업에서도 계속 비틀고 혁신할 수 있는 자신감을 심어주었다. 그 대상에는 30명의 전문성과 감각을 살피는 바로 이 책도 포함된다. 지금 나는 그들의 독창적인 통찰을 나만의 관점으로 비틀고 있다. 책을 쓰려면 독창적인 아이디어를 떠올려야 한다고 생각하는가? 그렇지 않다. 당신이나 나 또는 다른 누구도 마찬가지다. 그냥 비틀기만 하면 된다.

통찰

원래 있는 아이디어를 비트는 것은 부끄러운 일이 아닐뿐더러 엄청난 가치가 있다. 시장에서 원래 버전보다 더 잘 받아들여지는 경우도 많다.

질문

자신에게 천재성과 창의성이 부족한 건 아닌지 고민하는 것을 멈추고 기존 아이디어를 비틀어서 새로운 틈새 기회를 채우거나 만드는 데 집중할 수 있는가?

보너스 질문

이란이나 북한 또는 시리아처럼 수요가 많은 여행지의 동전으로 만든 팔찌를 할인가에 살 의향이 있는가? 파는 사람을 내가 안다.

13

섬기면서 리드하라

The Servant Leader

밥 휘트먼   BOB WHITMAN

프랭클린코비의 이사회 의장이자 CEO. 유타대학교에서 재정학으로 우등 학사 학위를 받았고 하버드대학교에서 금융학 석사 학위를 받았다. 사모펀드 투자회사 햄스테드그룹, 부동산 및 자산 관리 회사 트라멜크로그룹을 비롯한 다양한 회사에서 재직하면서 쌓은 풍부한 경험을 기반으로 23년간 프랭클린코비를 성공적으로 이끌어왔다.

당신은 내가 30년 동안 리더십 개발 부문에서 일했으니 섬기는 리더십(서번트 리더십)을 명확하게 정의할 수 있을 거라고 생각할 것이다. 그 주제에 대해 수많은 책이 나와 있다. 내가 보기에는 섬기는 리더십의 대상이 될 때는 우리 모두가 그 의미를 저마다 약간 다르게 생각하는 것 같다. 섬기는 리더십은 대부분의 심대한 사상처럼 직접 경험하면 더욱 강력하다. 이 장에서 다룰 통찰의 핵심은 섬기는 리더십이 조직에서 맡은 직급과 무관하게 우리 모두의 안에 존재하는 선택지임을 인식하는 것이다.

밥 휘트먼은 스티븐 R. 코비 박사의 친구로서 코비의 개인 회사에서 이사로 일했다. 프랭클린퀘스트와 코비리더십센터가 합병한 지 몇 년 후 그는 현재 프랭클린코비로 알려진 합병회사의 의장 겸 CEO가 되었다. 대기업을 이끄는 CEO의 평균 재직 기간은 약 5년이다. 중소기업의 경우에는 아마 7, 8년 정도로 조금 더 길 것이다. 밥은 23년 동안 우리 회사의 CEO로 일했다. 그에게 다른 선택지가 없어서 그런 것도 아니었다. 그는 우리 회사의 CEO 자리를 수락하기 전에 사모펀드 분야의 거물들과 어깨를 견줄 만한 위치로 나아가고 있었다. 그럼에도 우리 회사를 안정시키고(해냄) 올바른 경로에 올려놓기 위해(이 일도 해냄), 시장에서 탄탄한 장기적 입지와 영향력을 확보할 수 있도록 고객에게 필요한 해결책을 마련하기 위해(이 일도 해냄) 계속 머물렀다.

밥은 CEO 자리를 수락할 때 44세였으며, 이미 접객(호텔,

요식업, 리조트 위락시설), 노인용 주택, 상업용 부동산 개발 부문에서 상당한 경력을 쌓은 상태였다. 그는 자신이 하버드 MBA 출신이고, 마터호른산에 올랐으며, 코나 아이언맨(철인경기)에 20번 넘게 참가했다는 사실을 절대 말하지 않을 것이다. 또한 아내인 웬디와 40년 넘게 결혼생활을 이어오고 있다는 사실도 말하지 않을 것이다. 내가 보기에는 삶에서 가장 자랑스러운 업적으로 여겨야 마땅한데 말이다.

밥은 대단히 성공적인 삶을 일구었다. 우리 모두처럼 약간의 좌절은 있었지만 전반적인 타율은 매우 뛰어나다. 그가 어떤 일을 하겠다고 작정하면 절대 막을 수 없다. 아마 그 과정에서 상당한 금전적 보상도 누렸을 것이다. 밥을 아는 세 아들이 즐겨 말하듯이 "밥 아저씨는 엄청 부자"일 것이다.

내가 쓴 여러 책을 훑어보면 밥이 직간접적으로 나름의 역할을 했다는 사실이 드러난다. 내가 그를 마스터 멘토로 선정한 것은 정치적 의도가 없으며, (내가 쓴 다른 책을 읽었다면) 그다지 놀라운 사실이 아니다. 마키아벨리적 관점을 가진 세상의 모든 회의론자에게 말해두는데, 내가 상사에게 아부해야하는 위치를 넘어선 지가 한참 되었다는 사실을 알아주기 바란다. 또한 나는 논쟁을 피하지 않으며, 잘리는 게 조금도 두렵지 않다. 나는 직장생활에서 가장 좋은 날은 채용되는 날이고, 두 번째로 좋은 날은 해고되는 날이라고 항상 믿었다. 따라서 내가 마스터 멘토로 선정한 모든 사람은 오로지 그럴 자격이 있기 때문에 선정한 것이다. 적어도 내가 생각하기에는 그렇다. 이것은 나의 책이므로, 내 생각이 가장 중요하다.

이 장에서 다룰 통찰은 섬기는 리더십이다. 해당 통찰과 관련하여 밥에 대한 2가지 이야기를 언급하고 싶다. 아마 밥은 이 이야기를 기억하지 못할 테고, 기억한다 해도 철저하게 부인할 것이다. 내가 밥을 비판하는 점 중 하나는 지나치게 겸손한 모습을 보인다는 것이다. 공정을 기하자면 그는 내가 겸손한 모습을 너무 보이지 않는다고 말할 것이다. 이 점에서는 우리 둘 다 옳다.

첫 번째 사례. 때는 2004년이었다. 나는 시카고에서 프랭클린코비 중부 지부장으로 일하고 있었다. 우리 회사에서 가장 넓은 지역의 영업을 책임진 상황이었다. 우리는 연례 지역 영업 회의를 주최할 예정이었다. 큰 행사는 아니어서 대개 50명 정도의 직원이 참석했다. 하지만 그해는 밥이 두 사업부 사이의 시너지를 키우고 싶어 했다. 그래서 행사 규모가 많이 커졌다. 당시 우리는 생산성 도구(B2C)를 개인 소비자에게 판매하는 170개에 달하는 매장을 운영하는 한편 조직 컨설팅 서비스(B2B)도 제공했다. 우리는 협력을 통해 두 사업부를 키울 방법을 찾고 있었다. B2C 사업부는 2년 후 성공적으로 분사되었다. 그 무렵 전 세계적으로 회사의 미래는 조직 성과에 초점을 맞추고 고용주가 직원을 섬기는 데 있다는 사실이 명확해졌다.

우리는 중부의 두 사업부에 속한 약 120명의 직원을 영업 회의에 초대했다. 처음으로 며칠 동안 함께하며 전략을 수립했다. 이 일에는 상당한 절차적 기획, 의제 선정을 위한 논쟁, 팀 구성 설계가 필요했다.

회의 첫날, 나는 11시 15분 무렵 점심 뷔페가 모두 준비되었는지 확인하려고 회의장을 나왔다. 75분 동안 모두에게 점심을 먹여야 했다(맞다, 우리 사업부에서는 어떤 열차든 정각에 운행했다). 모든 준비가 끝난 상태였다. 그런데 휴식을 하려던 11시 25분에 화재경보가 울렸다. 연례 행사 도중에 소방 훈련을 한다고? 대체 왜들 이러는 거지?

모두가 바깥으로 느릿느릿 걸어갔다(화재경보가 울릴 때 어른들이 건물을 태평하게 나가는 모습을 보는 일은 항상 재미있다). 우리는 모두 주차장에 모였다. 9월 말이라서 날씨는 크게 문제 되지 않았다. 우리는 모두 모여 서서 잡담을 나누었다. 잠시 후 10여 대의 소방차가 달려왔다. 호텔 옥상에서 연기가 나는 게 보였다. 알고 보니 공조 시스템에 문제가 생긴 것이었다. 옥상에 설치한 실외기에서 심각한 화재가 발생했지만 곧 진압되었다.

약 45분 후 우리는 여전히 주차장에 서서 앞으로 일이 어떻게 진행될지 판단하려 애썼다. 호텔 담당팀이 주기적으로 알려주는 현황은 도움이 되었다. 하지만 결론이 나지 못했다. 문제는 직원들이 배가 고플 뿐 아니라 행사 시간이 끝나가고 있다는 것이었다(우리는 이틀 동안 진행할 행사를 위해 120명의 직원 중 80여 명을 불러모았다. 이는 우리에게 작은 투자가 아니었다).

곧 오후 1시가 가까워졌다. 주차장에 뷔페를 차릴 수는 없었다. 내가 이 사실을 아는 이유는 그렇게 하려고 시도했기 때문이다. 점심을 거르는 것도 선택지가 아니었다(5장에서 다니엘 핑크와 같이 살핀 내용). 나는 주최측 책임자로서 밥과 선택지에 대해 계속 이야기했다. 마침 길 건너편에 피자집이 보였다. 솔직히 나는 30분 동안 그 피자집을 대체 수단으로 생각하고 있었다. 나는 밥에게 가서 새로운 계획을 제안했다. 그는 2초 만에 동의했다. 나는 규모가 얼마나 되는지 살피려고 서둘러 피자집으로 건너갔다. 그리고 주인에게 120명을 수용할 수 있는지 물었다. 곧 배고픔과 피로, 화재에 지친 참석자들이 피자집으로 향했다. 나는 비서인 지네트와 함께 모든 참석자를 자리에 앉혔다. 피자집은 참석자들로 거의 만원이 되었다.

내 직속 상사는 밥이 아니었다는 사실을 언급할 필요가 있다. 나는 지부장으로서 부사장에게 보고했고, 부사장은 지역장에게 보고했으며, 지역장이 다시 CEO인 밥에게 보고했다. 다른 사업부도 같은 보고 체계를 따랐다. 행사에는 나를 포함하여 6명의 고위 리더가 있었다. 밥까지 포함하면 7명이었다.

우리가 들어선 피자집은 갑자기 중세시대를 테마로 한 레스토랑처럼 느껴졌다. 참석자들이(리더와 직원들 모두) 나이프와 포크를 세워 들고 금방이라도 테이블을 두드리며 칠면조 다리를 요구할 것처럼 보였기 때문이다. 사실 나는 그런 생각을 할 시간이 없었다. 나는 주최자로서 카운터로 가서 피자를 주문하기 시작했다. 게다가 못 먹는 재료와 좋아하는 재료에 대한 다양한 요구를 담은 문자까지 한꺼번에 처리해야 했

다. 그때 나는 밥과 지네트가 음료수 피처를 30개의 테이블에
나르는 모습을 보고 깜짝 놀랐다. 뒤이어 밥은 카운터로 와서
피자를 충분히 주문했는지 확인한 다음 레드 페퍼 가루와 파
마산 치즈 가루가 든 병을 모든 테이블에 날랐다. 잠시 후 샐
러드와 치즈 스틱, 속을 채운 버섯구이가 기록적인 속도로 나
왔다. 밥은 능숙하게 테이블을 돌아다니며 모두에게 음식을
갖다주었다. 심지어 CEO인 그에게 루트 비어를 리필해달라
고 말하는 직원까지 있었다. 세상에.

　60판의 피자가 나오기 시작했다. 40분 후에도 밥은 여전히
나와 지네트와 함께 전체 팀에게 음식을 날랐다. 잠시 멈춰서
음료수를 마시거나, 음식을 먹지도 않았다. 피자 서빙 경험에
서 가장 인상적이었던 장면은 누군가가 CEO에게 루트 비어
피처를 리필해달라고 한 게 아니었다. 밥이 부사장과 지역장
들에게 음식을 갖다주던 모습이었다. 그들은 굶주린 참석자
들을 먹여서 회의를 재개하고, 우리가 합의한 목표를 달성하
기 위해 무엇을 해야 하는지 몰랐다.

　이 모든 게 그저 희생하는 모습을 보이려는 밥의 쇼였을
까? 아니다. 밥은 원래 그런 사람이다. 밥은 비유적으로 그리
고 실제로도 섬기는 리더다. 그때가 유별난 경우도 아니었다.
그것은 그의 사고방식에 따른 행동이었다. 밥은 내가 아는, 가
장 학식과 절제력이 뛰어나고, 점잖고, 근면하며, 지치지 않고
일하는 리더다. 당시 그의 위치라면 얼마든지 리더들이 모인
자리에 앉아서 잡담을 나눌 수 있었다. 눈에 띄지 않는 종업

원이나 하급 직원이 피자를 갖다주기를 기다릴 수 있었다. 하지만 그는 정반대로 행동했다. 게다가 밥은 나처럼 옹졸하지 않았으며, 고위 리더들이 모두 자리에 앉아서 음식을 기다리는 것을 인식하지도 않았다. 어쩌면 그가 그저 신사여서 모른 척 넘어가고, 15년 후에 그 이야기를 책에 쓰지 않은 것인지도 모른다. 어느 쪽이든 이런 것을 섬기는 리더십이라 부른다.

두 번째 사례. 이 일이 있기 몇 년 전에 나는 텍사스주 댈러스에 있는 밥의 두 번째 집에 갔다. 밥은 CEO 일을 하기 위해 텍사스주에서 유타주로 이사했지만 댈러스 집을 팔지 않았다. 호숫가에 있는 이 집은 보트, 제트스키, MTV의 최신 시리즈인 〈끝내주는 CEO의 집〉에 나올 만한 게임룸을 갖추고 있었다.

밥은 10여 명의 고위 영업 리더를 불러서 이틀 동안 전략 회의를 열었다. 첫날 아침 나는 일찍 일어나 6시 정도에 조용히 주방으로 갔다. 놀랍게도 밥이 거기 있었다. 게다가 샤워를 마치고 회의에 참석하기 위한 복장까지 갖춘 상태였다. 그는 10여 명을 위해 베이컨과 달걀을 한창 굽는 중이었다. 또한 커피를 끓이고, 오렌지 주스를 따른 다음 쪼그린 채 수납장에서 뭔가를 찾고 있었다. 그때 나는 그가 유타주에 있는 누군가와 통화하는 중이라는 사실을 깨달았다. 그는 뭔가를 못 찾겠다고 작은 목소리로 상대방에게 속삭였다. 밥의 가족은 대가족의 식사, 많은 명절 축하 행사, 집에서 열리는 연이은 비즈니스 미팅을 준비하는 데 도움을 받으려고 셰프를 쓴다. 밥은 셰프에게 차저charger를 어디에 두었는지 묻고 있었다. 중학교 때 무도회에 참석한 적이 없는 사람을 위해 말하자면 차저는 손님을 모실 때 접시 아래에 두는 장식용 대형 접시받침을 말한다. 밥은 직원들을 위해 아침을 만들 뿐 아니라 식탁을 완벽하게 세팅하려고 (시간대가 다른 지역에 있는) 셰프에게 전화를

> 밥은 직원들을 위해 아침을 만들 뿐 아니라 식탁을 완벽하게 세팅하려고 (시간대가 다른 지역에 있는) 셰프에게 전화를 걸고 있었다. 그는 그저 사람들에게 그들이 특별하고, 관심과 애정을 받고 있음을 느끼게 해주고 싶었던 것이다.

걸고 있었다. 그는 차저를 찾아야 했다. 당연한 일 아닌가?

다시 말하지만 이건 밥이 자신의 집을 자랑하거나(대단하기는 했지만) 음식과 요리 실력으로 팀을 감탄하게 하려는 게 아니었다. 밥은 그저 사람들에게 그들이 특별하고, 관심과 애정을 받고 있음을 느끼게 해주고 싶었던 것이다. 밥은 무슨 일이든 대충 하지 않는다. 루트 비어를 리필하는 일이든, 차저를 챙기는 일이든, 회사의 손익을 챙기는 일이든 대충 하는 법이 없다.

밥은 자신이 다른 사람들에게서 보고 싶은 인성과 능력의 모범을 보인다. 그는 프랭클린코비에서 일하는 사람들을 진심으로 사랑한다. 그의 애정은 겉으로 드러난다. 이는 타운홀 미팅에서 하는 립 서비스나 연례 보고서에 반드시 넣어야 하

는 진부한 말과 다른 것이다. 그것은 예기치 못한 순간에 가장 잘 경험하게 되는 말 이면의 행동이다. 이런 행동은 평생 동안 당신이 배움을 얻을 기회를 제공한다. 또한 말 그대로 최고의 섬기는 리더십이기도 하다.

통찰

섬기는 리더십이 항상 말 그대로 섬기기만 하는 것은 아니다. 하지만 때로는 그렇다.

질문

부모, 배우자, 리더, 동료, 위원 등 삶의 모든 역할에서 어떻게 섬기는 리더십을 정의하고 모범을 보일 것인가?

14

모든 성격에 강점이 있다

Rethinking
Introverts and Extroverts

수전 케인   SUSAN CAIN

프린스턴대학교와 하버드대학교 법대를 우등으로 졸업하고 변호사로 일하다 글을 쓰기 시작했다. 내향성의 가능성을 탐구한 첫 책《콰이어트》는 전 세계 36개 언어로 번역, 8년간 〈뉴욕타임스〉 베스트셀러 자리를 지켰고, 같은 주제의 TED 강연은 현재까지 조회수 1,800만을 넘겼다. 〈인크닷컴〉은 그녀를 '세계 50대 리더십 및 경영 전문가'로 선정했다.

©Albrica Tierra

이 장의 마스터 멘토는 수전 케인이다. 그녀의 탁월한 면모를 소개하기 전에 잠시 샛길로 빠지는 것을 양해해주기 바란다. 내게는 마이클 밀러라는 형이 있다. 우리는 거의 똑같이 생겼다. 키와 머리색, 눈, 각진 턱이 모두 같다. 4년의 나이 차이를 생각하면 이는 상당히 특이한 일이다. 지금도 사람들이 식당에서 우리를 멈춰 세우고 쌍둥이인지 물어볼 정도다.

우리는 똑같은 신체적 특징 외에는 공통점이 거의 없다. 마이크는 화학 엔지니어이고, 격투기 검은띠이고, 식스시그마 전문가이며, MIT에서 경영과 화학공학 복수 석사 학위를 받았다. 그는 해마다 '리더스 포 글로벌 오퍼레이션스'로 알려진 전액 장학금을 받고 슬론 경영대학원에 들어가는 45명 중 하나였다. 이 프로그램은 세계 최고의 공학 대학에서 차세대 기술 리더를 육성하려는 10여 개 글로벌 기업의 투자를 통해 기금을 마련한다. 마이크의 경력은 이 프로그램이 얼마나 대단한지 보여준다. 그는 아마존이 보유한 두 기업의 CEO로 일했고, 다른 여러 유명 브랜드에서 최고위 임원을 지냈다. 그는 대단히 유능한 임원급 리더다.

마이크는 비교적 조심스럽고 심지어 부끄러움을 타기도 한다. 그는 어떤 자리에서도 듬직한 모습을 보이지만 사람이 많이 모이는 자리를 좋아하지 않는 게 분명하다. 그래서 대부분의 경우 그런 자리에서 빠져나오면 안도하는 듯하다.

나는 다르다. 형이 고등학생 때 암기장에 적어둔 라틴어를 외우는 동안(덕분에 라틴어 특기 장학생으로 대학에 진학함) 나는…

그다지 기억할 만하지 않은 일을 했다. 그래서 뭘 했는지 기억조차 나지 않는다.

나는 라틴어도 모르고, 장학금도 받지 못한 채 고등학교를 졸업한 후 지역 전문대에 입학했다. 10년 후에는 리버럴아츠 칼리지의 조직 커뮤니케이션 학위라는 가장 쉬운 학위를 겨우 취득했다. 그래도 나를 동정할 필요는 없다. 내게도 나름의 능력이 있다. 나는 천재 형만큼 열심히 노력했고, 알다시피 프랭클린코비에서 세계 최대의 주간 리더십 팟캐스트를 진행하는 특권을 누리고 있다. 또한 영광스럽게도 전 세계를 돌며 내가 쓴 여러 베스트셀러를 토대로 수천 명의 청중에게 강연한다. 나는 생명이 걸린 상황이라 해도 린 생산lean manufacturing이 뭔지 설명할 수 없다. 하지만 마이크를 주고 수천 명 앞에 세워서 나의 열정에 대해 이야기하라고 하면 끝내주게 할 수 있다고 보장한다.

간단히 말해서 마이크는 내향적이고, 나는 외향적이다. 우리는 (부모님의 의견을 제외하면) 여러 측면을 비교할 때 둘 다 크게 성공했다. 장담하건대 우리 부모님은 **형**만 성공했다고 생각하겠지만 말이다!

이 대목에서 수전 케인과 그녀의 뛰어난 책,《콰이어트》가 등장한다. 형은 자신의 성향을 지지하는 전제 때문에 이 책을 두 번이나 읽었다.

수전과의 인터뷰는 우리 팟캐스트 2회에 방송되었다. 하지만 실은 그녀가 가장 먼저 녹화했다. 그 점에 대해 관대하게 용인해준 그녀에게 감사드린다. 또한 내 부족한 인터뷰 기술에 대해 사과드린다. 다행히 내 부족한 전문성이 그녀의 전문성을 가리지는 않았다. 다만 스콧 밀러가 수전 케인을 인터뷰하는 것은 공화당 전국위원회 의장이 민주당 전국위원회 의장을 인터뷰하는 것과 같았다는 점이 재미있었다. 내가 엄청나게 외향적이라는 점은 실로 명백하다. 반면 수전은…, 단지 그렇지 **않다**고만 말해두자. 그녀의 남편은 자칭 외향적인 사람이다. 이 사실은 세상이 온갖 다양한 기질로부터 혜택을 입는다는 수전의 시각에 대해 많은 것을 말해준다. 그렇기는 해도 나는 그녀의 책을 내 버전으로 바꾸면 《라우드: 짜증스러울 만큼 조용한 사람들이 있는 세상에서 외향적인 사람들이 지니는 힘》이 될 거라고 농담했다.•

● 《콰이어트》의 원래 부제는 '시끄러운 세상에서 내향적인 사람들이 지니는 힘'이다.

우리의 대화와 그녀의 책에서 얻는 혁신 통찰은 당연한 사실을 깨닫는 순간에 담겨 있다. 사람들은 나와 다르다. 나는 이 사실을 인정해야 한다. 또한 나와 다른 사람들을 존중하고 그들에게서 배워야 더 빠르게 성숙해질 수 있다. 그러기 위해서는 익숙한 영역 밖으로 나가야 한다. 많은 사람은 '자신과 비슷한 사람을 좋아하는' 해묵은 경향에 빠져 있다는 사실을 깨달아야 한다.

수전이 《콰이어트》에서 능숙하고 생생하게 알려준 대로 내향적인 사람들이 자신의 아이디어, 창의성, 천재성을 알리려면 외향적인 사람들의 급류를 거슬러 올라가야 하는 경우가 많다. 솔직히 나 같은 외향적인 사람들이 그들의 목소리를 묻어버리는 경향이 있다. 나는 수전의 책을 읽고 그녀와 인터뷰한 후 스콧 밀러라는 '쓰나미'를 보다 잘 인식하게 되었다. 또한 나 같은 사람 밑에서 또는 옆에서 일하는 것이 어떨지 훨씬 더 잘 알게 되었다. 아마 비슷한 외향적인 사람은 거기서 활기를 얻을 것이다. 반면 내향적인 사람에게는 진이 빠지는 일이 될 것이다. 수전이 쓴 대로 "우리는 내가 '외향성 이상extrovert ideal'이라 말하는 신념 체계 속에서 살아간다. 이는 사교적이고, 지배적이며, 스포트라이트를 편하게 대하는 것이 이상적인 자아라는 보편적 믿음이다. … 내향성은 그 사촌격인 섬세함, 진지함, 수줍음과 함께 실망스러움과 질병 사이의 어딘가에 해당하는 이류의 성격 특성이다."[1] 나는 부분적으로 이런 평가를 믿었으며, 내 리더십 스타일이 그런 믿음을 반영했을 거라는 사실을 알게 되었다.

그렇다면 외향적인 사람은 내향적인 사람으로부터 무엇을 배울 수 있을까?

샘은 한때 내 부하직원으로서 요령과 끈기를 갖춘 영업인이었다. 또한 내가 내향적인 사람으로 정의하는 유형이었다. 나는 그런 스타일이 대개 못마땅했다. 유능한 영업인이 되려면 카리스마 있는 모습을 보여야 한다고 생각했기 때문이다. 뛰어난 영업인은 교류하고, 인맥을 쌓으며, 사람을 좋아한다. 그들은 다른 사람의 이목을 끌고, 대화를 주도하며, 의견을 지배한다. "이끌지 않으면 끌려간다"라는 정신에 따라 살기 때문이다(맞다. 나는 멍청했다. 하지만 조금만 참아달라. 그때는 오래전이었다).

샘과 나는 너무나 달랐다. 하지만 (아마도 그에게는) 슬프게도 상사는 나였다. 나는 두려움에 기반한 문화 속에서 실전적 지식을 쌓았다. 그런 문화에서는 대개 팀원이 리더의 스타일을 따라 했지, 반대의 경우는 없었다. 샘도 기억하는지 모르겠지만 나는 한 회의에서 우리의 스타일이 충돌했던 일을 아주 상세하게 기억한다. 그 충돌 덕분에 나는 중요한 교훈을 얻었다. 창피하게도 아주 오랜 후에 말이다.

당시 나는 15개 주의 영업을 책임지고 있었다. 대개 1년에 한두 번, 전체 영업팀을 하루나 이틀 정도 모아서 전략 및 기술 개발을 위한 시간을 가졌다. 한 회의에서 나는 전형적인 스콧 밀러 리더십 모드를 취했다(해석: 팀원이 결국 내 말에 동의하거나 내가 이겼다고 믿을 만큼 동의하는 척할 때까지 피곤하게 만들었다). 안타깝게도 아내는 그런 스타일이 나의 자산이 아니라 엄청난 부채라고 생각한다.

좋다, 다시 회의로 돌아가자. 내가 뻔한 독백을 막 끝낸 참이었다. 이제 참가자들에게서 질문을 받고 답변할 시간이었다. 의제가 무엇이었는지는 기억나지 않는다. 아마 모두가 마음가짐과 행동을 바꿔야 하는 전략 변경이었을 것이다. 이는 항상 바람직한 것은 아니다. 하지만 특히 영업직에서 발전하려면 절대적으로 필요하다. 샘이 전체 회의를 진지한 표정으로 지켜보던 모습이 떠오른다. 그는 말을 하지 않았다. 질문도, 의견도, 찬성 발언이나 반대 발언도 제시하지 않았다. 단한 마디도 없었다. 나로서는 잘한 일이고, 그로서는 아마도 기쁜 일이겠지만 나는 그를 압박하지 않았다. 그저 질문과 의견, 장애물을 처리하고 내게 잘 보이려는 아첨꾼의 입에 발린 칭찬을 받아들였다.

하지만 샘은 침묵했다. 그는 내향적이었다. 거의 모든 생각을 말로 내뱉어야 성이 풀리는 나와 달리(회의에 참석한 모든 사람은 나의 자기 만족적인 장광설을 견뎌야 했다) 샘은 생각을 머릿속에서 처리했다. 그래서 누구도 그의 생각이나 쓸데없는 행동에 시달리지 않았다. 그런 행동은 전혀 없었다. 심지어 맥박이 뛰는지도 확실치 않았다.

회의가 끝난 후 모두가 택시를 타고 공항으로 향했다. 아마 그들은 택시 안에서 이렇게 자신의 입장을 심각하게 고민했을 것이다. '동참해야 할까? 그가 잊어버릴 때까지 기다릴까? 그가 지겨워지거나 전략을 다시 바꿀 때까지 장단만 맞춰줄까?' 다 알고 있다. 나도 내 리더에게 보고한다는 걸 잊지 말라!

며칠 후 샘이 내게 전화를 걸어왔다. 달리 특별한 일은 아니었다. 샘은 몇 마디 인사를 하고 나서 회의뿐 아니라 내가 하고 나서 완전히 잊어버린 말을 고스란히 해부하기 시작했다. 그는 내가 제시한 요점에 대해 정확한 질문을 던졌고, 앞으로 그것이 통하거나 통하지 않을 이유에 대해 통찰력 넘치는 의견을 제시했다. 회의 내용을 기억하는 그의 능력은 서번트savant•

• 지적 장애가 있지만 특정 분야에서 천재적인 능력을 보이는 사람.

수준이었다. 그는 동의하든 아니든 간에 내가 했던 말을 들려주었다. 창피하게도 나는 그중 많은 부분을 기억하지 못했다. 통화하는 동안 그리고 통화가 끝난 후 나는 세상의 샘 같은 사람을 더 잘 이해하게 되었다. 그들은 세상의 스콧 같은 사람과 아주 다르게 행동한다. 하지만 단지 성격이 다르다고 해서 그들의 가치에 의문을 제기해서는 안 된다.

돌이켜 보면 샘이 회의 내용을 정확하게 회고한 것은 그의 의도와 무관하게 내게 할 수 있는 최고의 칭찬이었다. 그는 명확하게 논의(비판)에 몰두했다. 그럼에도 다른 사람들이 질문이나 문제를 제기하거나, 내 환심을 사려고 아부하도록 놔두었다. 맞다. 나는 사업부를 베르사유궁전의 루이 16세처럼 운영했다. 그리고 우리는 루이 16세의 결말을 안다!

(적어도 나와 비교하면) 내향적인 사람으로서 샘의 의사소통 스타일과 궁극적인 영향력은 나를 깊이 성찰하게 만들었다. 이후 나는 다른 스타일로 다른 팀들을 이끌게 되었다. 또한 세 아들을 키우는 일에도 이 통찰을 적용했다. 우리 아들들은 겉으로 보면 시끄럽고 지배적인 내 성격을 닮은 것처럼 보인다. 하지만 그중 어느 정도가 우리 집에서

> 나는 세상의 샘 같은 사람을 더 잘 이해하게 되었다. 그들은 세상의 스콧 같은 사람과 아주 다르게 행동한다. 하지만 단지 성격이 다르다고 해서 그들의 가치에 의문을 제기해서는 안 된다.

생존하기 위한 전술인지, 서로 그리고 내가 곁에 없으면 다른 모습을 보일지 궁금하다.

당연히 나도 해당되기는 하지만 회의나 통화, 영상회의 또는 다른 만남에서 상대방의 스타일이 당신과 너무 달라서 딴 생각을 할 뿐 아니라 편견에 사로잡힌 포괄적인 판단을 하는 경우가 얼마나 많은가? 그래서 '저 사람하고는 절대 다시 같이 일하지 않을 거야. 저 사람이 참석하는 저녁 식사 자리에는 날 초대하지 마. 저 사람의 스타일은 나를 미치게 만들어'라고 생각하지 않았는가? 우리가 자신을 보다 잘 인식한다면 다른 사람도 우리의 스타일을 성가시게 여길 수 있다는 사실을 깨달을 것이다. 실로 새로운 소식 아닌가!

내 의도는 내향적인 사람과 외향적인 사람을 확연히 구분하는 것이 아니다. 나는 자칭 외향적인 사람이다. 하지만 사실 칵테일 파티와 바에서 잡담을 나누는 건 싫어한다. 밴드가 있는 시끄러운 바에 서서 분위기를 즐기는 척하느니 차라리 콜리플라워를 먹겠다. 많은 외향적인 사람은 이런 분위기에서 활기차게 논다. 또한 일부 내향적인 사람은 사회적 교류를 실제로 즐길 것이다. 다만 그들은 즐길 만큼 즐긴 후에는 조용히 사라진다. 나는 다르다. 내가 자리를 떠날 때는 모두가 안다. 내가 그렇게 만든다. 이는 요란한 퇴장이라 부르며, 나는 요란한 퇴장의 대가다(내 생각에는 그렇다).

수전 케인은 내게 내향적인 사람은 까다롭고 복잡한 문제를 해결하는 고유한 능력이 있다는 사실을 알려주었다. 그에 따라 리더로서 나에게 주어진 과제는 사흘 후에 전화를 걸 때까지 기다리는 게 아니라 실시간으로 그런 강점이 드러나는 환경을 조성하는 것이 되었다.

통찰

사람은 자신과 비슷한 사람을 좋아한다. 리더도 같은 함정에 빠진다. 그러니 당신과 다른 성격, 의사소통 스타일, 성향을 가진 주위 사람을 무시하거나 과소평가하지 않도록 주의하라.

질문

어떻게 하면 당신의 스타일이(내향적이든 외향적이든) 다른 사람의 잠재적 기여를 촉진하는지, 아니면 억누르는지 인식할 수 있는가?

15

하지 않기로 했다면 지켜라

Self-Discipline

| 라이언 홀리데이 | RYAN HOLIDAY |

미디어 전략가, 실리콘밸리의 철학 멘토. 19세에 대학교를 자퇴하고 세계적 베스트셀러 작가 로버트 그린의 제자가 됐으며, 아메리칸어패럴 이사와 구글 자문 위원 등으로 일했다. 현재 〈뉴욕옵서버〉 칼럼니스트 겸 편집인으로 활동하면서 컨설팅 회사 브라스체크를 설립해 구글 등 대기업은 물론 최고의 뮤지션과 작가들의 자문에 응하고 있다. 30개국 300만 명에게 사랑받은 베스트셀러 작가다.

개인적으로 나를 알거나 프랭클린코비의 〈온 리더십〉 팟캐스트를 통해 수백 시간 동안 나와 함께한 사람은 나의 어떤 측면도 정적이지 않다는 사실을 알 것이다. 나는 지금까지 살아오면서 3분 이상 가만히 있었던 적이 없다. 오죽하면 《스틸니스》*를 비롯한 여러 베스트셀러를 쓴 라이언 홀리데이와 인터뷰를 시작하면서 내가 저자라면 제목을 《고요는 멍한 것이다》라고 지었을 거라고 말할 정도였다. 아마도 내가 그의 책에 깊이 빠져서 《거인들의 인생 법칙》 시리즈의 첫 권인 이 책에 그를 포함시킨 이유가 거기에 있을 것이다. 초반에 인터뷰한 150명을 30명으로 줄이는 것은 쉬운 일이 아니었다.

> ● 원제는 '고요는 열쇠다 Stillness Is the Key'이다.

　라이언은 스토아주의, 실용적 철학, 전략적 사고 같은 주제에 심취한 저술가이자 미디어 전략가다. 내가 라이언의 책과 인터뷰에서 얻은 여러 혁신 통찰 중에서 가장 인상적인 것은 자제력을 키우려는 그의 노력이다. 그는 삶에서 자제력의 가치를 이해할 뿐 아니라 자제력을 유지하기 위해 **줄기차게** 노력한다. 스티븐 R. 코비 박사가 널리 알린 여러 경구 중에서 "안다고 해서 실천하는 것은 아니다"와 "알아도 하지 않는 것은 모르는 것과 같다"가 이 대목에서 두드러진다. 이런 생각을 코비 박사만 하지는 않았을 것이다. 그래도 나는 이 말들을 결코 잊지 않을 것이다. 나는 자제력의 가치를 전적으로 이해한다. 하지만 앞선 두 문단을 쓰는 동안 벌써 이메일을 확인했고, 소셜미디어에 올라온 여러 포스트를 보고 댓글을

달았으며, 세 아들에게 (이제 두 번째로) 게임을 하면 안 된다고 말했다. 자제력이라. 나도 안다, 어느 정도는.

나의 집중력과 자제력은 많은 사람처럼 상황에 좌우된다. 나는 케일을 싫어하는 것보다 몇 시간 동안 회의실에 앉아 있는 것을 더 싫어한다. 반면 베이징에서 집까지 12시간 동안 비행기를 탈 때는 거의 멈추지 않고 2권의 책을 읽을 수 있다. 우리는 종종 가장 쉬운 영역 또는 가장 빠르고 즉각적이고 뚜렷한 보상을 제공하는 영역에서 자제력을 발휘한다. 라이언은 모든 상황에서 자제력의 대가다. 그는 다른 사람으로부터 자신을 보호하기 위해 삶에서 확고한 경계를 둔다. 여기서 말하는 다른 사람에는 그 자신도 포함된다. 이는 나름의 혁신 통찰이다. 종종 우리는 우리 자신**으로부터** 우리 자신을 보호하고 구해야 한다.

그렇다면 라이언은 어떤 방식으로 자제력을 발휘할까? 우선 그는 아침에 일어난 후 첫 한 시간 동안 전화를 받지 않으며, 확인도 하지 않는다. 다른 사람들에게 끌려다니고 싶지 않기 때문이다. 그 대신 자신이 만든 경로에 따라 의도적으로 하루를 보내게 만드는 일에 집중한다. 그래서 첫 한 시간 동안 **고요**하게 지낸다. 수도승 모드로 바닥에 앉아 있는 게 아니라 집중력과 창의력을 발휘하면서 의도대로 하루를

> 종종 우리는 우리 자신**으로부터** 우리 자신을 보호하고 구해야 한다.

계획한다. 수영을 하고, 일지를 쓰고, 다른 사람이 원하거나 요구하는 것이 아니라 자신이 이루고 싶은 목표를 토대로 우선순위를 정한다.

　모든 사람이 이런 호사를 누리진 못한다는 사실을 안다. 다국적기업에서 일하는 사람의 경우는 특히 그렇다. 가령 두바이 지사는 당신이 어서 잠에서 깨어나 시급한 요청에 대응하기를 참을성 있게 기다린다. 그러나 라이언은 자제력을 더 의도적으로 발휘할 수 있다는 것을 보여준다. 우리는 글로벌 경제와 하루 24시간 근무를 핑계로 핀볼 머신 안에서 이리저리 튕기는 볼처럼 살아간다. 볼을 튕겨내는 플리퍼와 범퍼는 다양한 동료, 리더, 가족, 친구에 해당한다. 그들은 우리 궤도를 통제하면서 하나의 시급한 일에서 또 다른 시급한 일로 우리를 튕겨낸다. 이런 양상은 플리퍼와 범퍼가 필요를 충족하는 데는 좋다. 그러나 볼에는 그다지 좋지 않다. 우리 중 얼마나 많은 사람이 자신이 **아니라** 다른 사람의 필요에 끌려다니면서 삶을 살아갈까? 아마 대부분이 그럴 것이다. 확실히 나는 원하는 것보다 더 그렇게 살고 있다.

　라이언의 통찰은 내게 심대한 영향을 끼쳤다. 알고 보면 나의 직업적 성공 중 많은 부분은 왕성한 독서에서 나왔다. 나는 3종의 일간지(맞다, 종이 신문이다)를 읽는다. 사람들이 수집광이라고 오해할 만큼(수집광이 아니다) 구독하는 잡지도 엄청나게 많다. 차에서 NPR을 듣고, 아침에는 NBC, 저녁에는 CNN을 보면서 보내는 시간은 창피할 정도로 길다. 나는 "모르는 게 약이다"라는 말과 완전히 어긋난 삶을 살아간다. 시민의 의무에 대한 책임감을 너무 과하게 밀어붙인 나머지 모든 선거, 외국에서 일어난 모든 쿠데타, 모든 상장 및 합병을 알려고 하기 때문이다. 또한 나의 은밀한 악취미는 가십 프로그램 〈TMZ〉를 시청하는 것이다. 앨릭 볼드윈이 누구에게 욕설을 퍼부었는지 또는 누구에게 주먹을 날렸는지 모른 채 어떻게 잠자리에 들 수 있을까?

나는 라이언과 인터뷰한 후 생활방식을 바꾸었다. 내가 정보 과부하에 걸려 있다는 사실을 깨달았기 때문이다. 책을 읽고 방송을 듣는 데 더하여 팟캐스트, 블로그 포스트, 링크드인 기사까지 소비하는 습관은 감당하기 벅찬 정도에 이르렀다. 나는 너무 많은 주요 정보의 무게에 짓눌려 질식당하고 있었다. 그래서 정보의 양을 줄였다. 출퇴근하는 동안 라디오를 끄고 조용하게 25분을 보냈다. 출근길에 〈모닝 에디션〉을 듣지 않았고, 퇴근길에 〈올 싱스 컨시더드〉를 듣지 않았다. 전화도 하지 않고 그저 정적 속에 있었다. 그 대신 그 시간에 하루 동안 또는 밤에 무엇을 할지 생각했다. 무엇을 이루고 싶은지, 무엇에 맞서야 하는지, 누구를 피해야 하는지 등 나를 성찰하는 질문을 던졌다.

정적의 순간을 중심으로 자제력을 발휘하는 일은 지식과 경험의 깊은 저수지를 활용하고 창의성을 촉진하도록 해주었다. 온갖 미디어 소비는 내 머릿속에 정보의 도서관을 구축해주었다. 그러나 그 속으로 파고들거나 그 내용을 실천할 시간

> 온갖 미디어 소비는 내 머릿속에 정보의 도서관을 구축해주었다. 그러나 그 속으로 파고들거나 그 내용을 실천할 시간을 남겨주지 않았다.

을 남겨주지 않았다. 나는 뒤늦게 이런 사실을 깨달았다. 샤워 시간도 마찬가지다. 이제 욕실은 내가 신성하게 여기는 미디어 금지 구역이다. 덕분에 아무런 방해도 받지 않는 8분에서 10분의 시간 동안 대부분의 창의적 사고를 할 수 있다. 라이언 덕분에 지금은 환경에 아무런 영향을 미치지 않은 채 두 번 이상 샤워하는 것과 같은 시간을 일상에 추가했다.

자제력에 대한 라이언의 의지는 프랭클린코비 CEO 밥 휘트먼의 말을 연상시켰다. 언뜻 들으면 기본적인 말 같지만 가장 심오한 말은 그런 경우가 많다. 그는 "숙고는 정당한 비즈니스 활동이다"라고 말했다. 나는 직업적 삶에서 이 말의 의미를 이해하게 되었다. 이 글을 쓰는 지금 우리 사회는 거의 사무실 환경에서 일하지 않게 되었다. 하지만 과거만 해도 일부 기업에서는 누군가의 사무실이나 파티션 앞을 지나갈 때, 그들이 책상 위에 발을 올려놓고 아무 일도 하지 않는 듯 보이는 것을 생각조차 할 수 없었다. 그런 모습을 보였다가는 경력이 끝장날 수 있었다. 하지만 실제로는 다른 일이 이뤄지는 중이었는지도 모른다. 어쩌면 그는 특정한 문제나 조직을 위한 전략을 중심으로 생각을 모으고 다지기 위한 정적, 집중,

고요의 가치를 아는 아주 현명한 사람이었는지도 모른다.

요즘은 이런 일이 드물어진 것 같다. 활동을 생산성과 혼동하는 경우가 너무 잦은 세상에서 우리가 살아가고 있기 때문이다. 그러니 비츠나 에어팟을 음악을 듣는 수단이 아니라 정적을 안기고 명상 시간을 보호하는 수단으로 활용해보라. 노이즈 캔슬링은 아주 멋진 기능이 될 수 있다.

자제력을 유지하는 라이언 홀리데이의 관행은 그를 우리 시대에 가장 많은 성과를 이룬 저술가 중 한 명으로 만들었다. 《돌파력》《에고라는 적》《데일리 필로소피》, 그리고 좀 더 근래에 나온 《스토아 수업》을 비롯한 그의 책은 수백만 권이 팔렸다.

그의 초기 책들은 성공적이었지만 선망의 〈뉴욕타임스〉 베스트셀러 목록에 오르지는 못했다. 반면 《스틸니스》는 출간하자마자 엄청나게 팔려나갔다. 일주일 후 판매 데이터가 나왔을 때(대부분의 책은 화요일에 출간되며, 대개 다음 주 토요일 자정까지의 판매량을 보고 베스트셀러 여부가 결정된다) 라이언은 전화벨 소리에 잠을 깼다. 그는 신간 홍보를 위해 북 투어를 다니는 중이었고, 할 수 없이 휴대전화를 자명종 대용으로 쓰고 있었다. 그래서 전화를 받을 수밖에 없었다. 그 과정에서 그는 에이전트와 출판사로부터 문자가 숱하게 들어와 있는 것을 알았다. 그날 베스트셀러 목록이 발표된다는 사실을 아는 그는 초인적인 자제력을 발휘하여 문자를 확인하고 싶은 유혹에 맞섰다. 그 대신 무엇을 했을까? 지금쯤은 당신도 알아야 마땅하다. 라이언은 탁월한 절제력을 발휘해 하루를 자신이 의도한 경로로 올려놓을 일에 집중했다. 그다음에야, 고요의 시간이 끝난 후에야 휴대전화를 보고 《스틸니스》가 〈뉴욕 타임스〉 베스트셀러 1위에 올랐다는 사실을 확인했다.

마스터 멘토로서 라이언의 미덕은 자제력을 통해 자신과 약속하고 그것을 어기지 않는 것이다. 그래도 아마 가끔은 어길 것이다(그래야 우리 같은 평범한 사람이 적어도 자기가 완전히 무가치하다는 생각을 하지 않고 희망을 품을 수 있다). 어느 쪽이든 자제력을 발휘하여 다른 사람들로부터, 그리고 아마도 가장 중요하게는 우리 자신으로부터 자신을 보호하는 일에는 엄청난 혜택이 있다. 적어도 **대부분**의 경우는 그렇다. 나는 이 책이 어디라도 베스트셀러 목록에 오를 가능성이 있는 날 모든 이메일, 문자, 웹사이트를 확인할 계획이다.

통찰

우리는 종종 자제력을 어떤 특정한 일에 집중하는 능력이라고 생각한다. 분명히 그렇기는 하지만 어떤 일을 하지 않기 위해 자제력을 발휘하는 것도 창의성과 생산성을 크게 높일 수 있다.

질문

내일 이전보다 강한 자제력을 발휘하고 싶은가? 그렇다면 개선하거나, 수정하거나, 심지어 제거할 경우 자신감뿐 아니라 엄청나게 중요한 일을 진전시키는 능력에 상당히 긍정적인 영향을 끼칠 습관이 있는가?

16

실패를 널리 알려라

Hype Your Failures

넬리 갈란   NELY GALÁN

에미상을 수상한 프로듀서이자 전 텔레문도 방송국 사장. 쿠바 출신의 미국인으로 미국 최초의 라틴계 텔레비전 방송국 사장이 되었으며, 영어와 스페인어로 제작된 600여 편의 프로그램을 제작했다. 〈뉴욕타임스〉 베스트셀러 저자다. 현재는 부동산 분야에 뛰어들어 여성들에게 부동산과 자산에 관해 조언하고 있다.

넬리 갈란은 마치 나의 배다른 형제 같다. 첫째, 우리는 줄기차게 목표를 추구하며, 그 과정에서 겪은 실패를 거리낌 없이 나눈다. 둘째, 우리는 두려움과 실패를 나누는 관계를 맺는 일에 커다란 가치가 있다는 사실을 알고 가르친다. 넬리의 말을 빌리자면 "두려움과 실패는 관계의 일부일 뿐 아니라 최고의 친구가 되어야 한다."

넬리는 대단한 사람이다. 그녀가 이룬 성과 목록은 여기에 모두 나열하기에는 너무 길다(그녀는 실패 목록도 마찬가지로 길다고 말할 것이다). 그녀는 《자수성가Self Made》의 저자이자 미국 최초의 라틴계 텔레비전 방송국(텔레문도Telemundo) 사장, 영어와 스페인어로 제작된 600여 편의 프로그램 프로듀서다. 또한 도널드 트럼프가 진행했던 리얼리티 쇼 〈셀러브리티 어 프렌티스〉에 출연하여 거침없는 모습을 보이면서 '카운트 미 인'이라는 자선단체를 위해 25만 달러를 모았다. 그녀의 활력은 실로 전염성이 강하다. 근래에 그녀는 부동산 개발업자로 자신을 다시 브랜딩했다. 또한 수천 명의 여성 사업가와 간단한 부업을 하는 여성에게 "신발을 사지 말고 건물을 사세요!"라고 조언한다. 넬리는 쉼 없이 움직인다. 얼마 전에는 임상심리학 박사 학위까지 땄다. 이 밖에도 더 있지만, 그녀의 성공보다 실패에서 배울 점이 더 많다.

넬리는 어릴 때 쿠바에서 미국으로 이민 온 후 능력과 영향력 그리고 성장하는 미디어 제국을 키우기 위해 지치지 않고 노력했다. 우리는 많은 유명인과 사업가가 이미 전환점을 지난 후에야 비로소 그들을 알게 된다. 대부분의 사람은 〈셀러브리티 어프렌티스〉를 통해 그녀를 처음 접했다. 그래서 그때까지 그녀가 달려온 길을 모른다. 우리는 기차가 기적을 울리고 증기를 뿜으며 반짝이는 객차를 달고 역으로 들어서는 모습만 본다. 그 이면에서는 12개 주나 떨어진 제철공장에서 검댕을 뒤집어쓴 노동자들이 못과 철로를 만들어낸다. 또한 수백 킬로미터의 철로를 깔기 위해 나무와 수풀을 제거하고 땅을 평평하게 고른다. 우리는 기관차가 10여 량의 객차를 단 채 철로를 이탈하는 모습이나 다리가 하중을 버티지 못하고 무너지는 모습, 수동차手動車 산업이 발전하는 과정에서 수많은 충돌사고가 나는 모습을 보지 못한다. 그림이 그려지는가?

우리는 그냥 역에서 기차에 올라타 여정을 즐기기만 한다. 멀리서 우리 앞에 깔리는 철로를 보지 못한다.

넬리는 수십 년 동안 철로를 깔았다. 그녀는 그중 다수는 휘어지거나 쓸 수 없다고 말한다. 하지만 기차는 직선으로 달리지 않는다. 휘어진 철로도 쓸모가 있다. 기차 이야기는 이만 하면 됐다. 이 이야기에 담긴 혁신 통찰은 하룻밤 사이에 성공하는 경우도 있다는 말에 속지 말라는 것이다. 또한 성공을 이루기 위한 긴 여정에서 실패를 감출 게 아니라 알리고, 포용하고, 코치나 멘토로서 다른 사람과 나누라는 것이다.

노력을 기울이는 일과 실패를 알리는 일 사이에는 상관성이 있다. 실패는 노력의 불가피한 부산물일 수도 있고, 다시 일어서서 먼지를 털어낸 후 노력을 재개하는 발판일 수도 있다. 예를 들어 저스틴 비버, 비너스 윌리엄스와 세리나 윌리엄스, 그웬 스테퍼니, 마사 스튜어트, 팀 티보, 레이첼 홀리스, 테일러 스위프트, 엘런 디제너러스, 다이앤 폰퓌르스텐베르크, 제니퍼 로페즈, 해리슨 포드 같은 사람들의 경력을 생각해보라. 몇몇은 어린 나이에 시작해서 일찍이 유명세와 성공을 얻었다. 반면 다른 대다수(거의 모두)는 수십 년 동안 기술과 브랜드, 명성을 구축하면서 실력을 연마했다. 윌리엄스 자매가 인맥과 유능한 에이전트 때문에 테니스계에서 돌연히 부상했다고 생각하는 사람이 있을까? 해리슨 포드가 〈스타워즈〉의 캐스팅 디렉터와 같이 자라서 배역을 따냈다고 믿는 사람이 있을까? 거의 없을 것이다. 〈스타워즈〉 이전에 포드의 배우 경력을 살펴보면 그의 여정을 완전히 새로운 눈으로 바라보게 될 것이다.

레이첼 홀리스의 사례를 살펴보자. 작년에 책을 거의 500만 부나 팔아치운 그녀가 그냥 어느 날 아침에 일어나 〈굿모닝 아메리카〉에 출연한 줄 아는가? 아니다. 그녀는 이런 성과를 거두기까지 15년여 동안 노력을 기울였고, 그동안 수많은 개인적·직업적 실패를 겪었다. 매일 어딘가에서 실패하지 않고는 절대 성공에 완전히 이르지 못한다.

레이첼은 10년 넘게 음식과 라이프스타일 블로거 및 이벤트 플래너로 고생했다. 아는 사람도 거의 없는 6권의 다른 책을 썼다. 그런 다음에야 일곱 번째 책인 《나를 바꾸는 인생의 마법》에 이어 《1인 블로거에서 미디어 제국 CEO까지》로 출판계에 혜성처럼 등장했다. 뒤이어 그녀는 회사를 세웠고, 2년 만에 스타디움 규모의 행사를 열었다. 수만 명이 삶과 비즈니스에 대한 그녀의 지혜를 듣기 위해 수백 달러를 지불했다. 그녀는 사흘 동안 자신이 잘했던 일뿐 아니라 잘하지 못했던 일과 거기서 교훈을 얻고 성장하는 법을 더 많이 이야기했다. 이런 행사에서 레이첼을 본 적이 있다면 그녀의 영향력에 감탄했을 것이다. 그녀가 최근에 펴낸 2권의 책은 2019년에 전 영부인인 미셸 오바마를 제외하고 다른 어떤 작가가 쓴 책보다 많이 팔렸다.《스마트 걸Smart Girl》《스위트 걸Sweet Girl》《파티 걸Party Girl》이라는 책을 들어본 적이 있는가? 없다고? 그럴 수밖에! 이 책들은 그녀가 초기에 쓴 3권이다. 그녀는 세상이 적어도 의미 있는 수준으로 알아보기 전에 이미 6권의 책을 썼다.

넬리가 이야기하는 것이 바로 레이첼이 철로를 까는 방식이다. 즉, 성공을 가르치기 위해 고생을 보여주라는 것이다. 넬리는 이렇게 말한다. "우리 모두는 자신이 하는 일을 홍보하고 성공을 선전합니다. 하지만 실은 실패를 선전해야 합니다…. 저는 삶에서 두세 번의 중요한 성공을 거두기 위해 수천 번 실패해야 했습니다."[1] 실패를 고백하고 거기서 교훈을 얻은 넬리와 레이첼은 칭찬받아 마땅하다.

넬리 갈란은 단지 스페인어를 할 줄 알아서 미국 최초의 라틴계 방송국 사장이 된 게 아니다. 그녀는 수십 년 동안 다양한 산업에 종사하고 다양한 직위에서 배우며 철로를 깔았

해리슨 포드가 〈스타워즈〉의 캐스팅 디렉터와 같이 자라서 배역을 따냈다고 믿는 사람이 있을까? 〈스타워즈〉 이전에 포드의 배우 경력을 살펴보면 그의 여정을 완전히 새로운 눈으로 바라보게 될 것이다. 매일 어딘가에서 실패하지 않고는 절대 성공에 완전히 이르지 못한다.

다. 그녀의 교훈은 단순하다. 삶에는 지름길이 없다. 비즈니스에는 확실히 없다. 대다수 사람은 일론 머스크를 어떻게 알게 되었을까? 당연히 테슬라를 통해서다. 그가 이베이에서 어떤 역할을 했는지 아는 사람은 거의 없다. 사실 일론은 테슬라에 합류하기 전에 최소한 5개의 중요한 벤처사업을 운영했다. 나는 그를 개인적으로 알지 못한다(어쩌면 우리 팟캐스트에 초대할지도 모르겠다). 하지만 모든 벤처사업이 테슬라처럼 잘 풀리지는 않으며, 그동안 힘들게 배운 교훈이 있을 거라고 장담한다.

그러니 노력을 기울여라. 실패와 좌절을 기록하라. 단지 거기서 교훈을 얻는 데서 그치지 말고 그것을 가르쳐라. 최고의 리더는 넬리 갈란 같은 사람이다. 그녀는 실패를 고백할 뿐 아니라 조명하고, 부각하며, 다른 사람들도 안심하고 실패를 고백할 수 있게 한다. 부서진 침목枕木이나 침목을 박아넣느라 굳은살이 박인 손을 편안하게 보여주는 리더가 너무 적다. 그 자리까지 오기 위한 긴 여정을 거치느라 지친 모습을 지워버리고, 잘 가꾼 리더의 모습만 보이는 경우가 너무 많다. 이는 잘못되었다! 사람들은 리더에게 공감하고 그들의 실수로부터 배우고 싶어 한다. 당신의 동료들은 진정한 실패를 겪고, 그것에 대해 이야기할 용기를 갖춘 진정성 있는 사람이 리더가 되기를 바란다.

성공만 알리지 말라. 넬리의 조언을 받아들여서 실패를 알려라! 그리고 어떤 변화가 일어나는지 보라. '변화'라고 했으니 하는 말이지만 나는 넬리의 책《자수성가》를 읽고 그녀를 〈온 리더십〉에서 인터뷰한 후, 나의 첫 책인《실패한 경영에서 성공한 리더십으로Management Mess to Leadership Success》를 쓸 영감을 얻었다. 나는 기본적으로 다른 사람도 교훈을 얻을 수 있도록 나 자신의 실수를 조명하는 데 전체 원고를 할애했다. 넬리, 내게 그렇게 할 용기를 주고 실패를 알리는 힘의 모범을 보여줘서 고마워요.

통찰

대단히 성공적이고 영향력 있는 사람은 실패를 경험할 뿐 아니라 다른 사람을 위해 실패를 알림으로써 위상을 얻는다.

질문

당신이 겪은 실패 중 어떤 것을 다시 떠올려서 글로 풀어내면, 다른 사람이 자신감을 바탕으로 성공적인 여정을 이어가는 데 도움을 줄 수 있을까?

극한의 오너십을 발휘하라

Extreme Ownership

레이프 바빈   LEIF BABIN

미 해군 네이비실 대원. 그가 속한 네이비실 브루저 기동대는 이라크전쟁에 참전한 특수 작전부대로서 가장 명예로운 훈장을 받았다. 2012년 동료 조코 윌링크와 리더십 컨설팅 회사 에셜론프런트를 세워서 팀을 가장 효율적으로 이끌면서 높은 성과를 내는 방법을 가르쳐왔다. 두 사람이 쓴 첫 책《네이비씰 승리의 기술》은 〈뉴욕타임스〉 베스트셀러 1위에 올랐다.

나는 몇 년 전에 한 서점에서 조코 윌링크와 레이프 바빈이 쓴 《네이비씰 승리의 기술》과 《네이비씰 균형의 기술》을 봤다. 나는 두 책이 〈뉴욕타임스〉 베스트셀러임을 알았다. 저자들이 갈수록 유명세를 얻어가는 강연가이자 인기 팟캐스트 진행자 및 게스트라는 사실도 알았다. 하지만 맥크리스털 장군을 소개한 10장에서 언급한 대로 나는 개인적으로 군 복무를 한 적이 없고, 군대와 연관된 적도 없다. 그래서 해당 장르의 책이 그다지 끌리지 않았다(이 말을 과도하게 해석하지 말기 바란다. 무슨 의견 같은 것이 아니고, 어떤 형태로든 군대를 무시하는 발언도 아니다. 나는 저탄고지 다이어트나 경마, 뜨개질에 대한 책도 읽지 않는다. 그냥 관심사가 아닐 뿐이다).

하지만 이 책들은 매주 토요일에 아들들을 데리고 동네 서점에 들를 때마다 나를 바라보았다. 결국 나는 더 이상 유혹을 견디지 못했다. 아들들과 같이 동네 서점에 가서 책을 사는 것은 내 삶에서 가장 좋아하는 일 중 하나다. 아내는 온라인으로 쇼핑을 한다. 나는 팬데믹 동안에도 마스크를 쓰고 나중에 손을 씻으면서 서점까지 차를 몰고 갔다.

이틀 후 나는 《네이비씰 승리의 기술》을 다 읽었다. 그 무렵 100만 부 이상이 팔리면서 이미 〈월스트리트저널〉 베스트셀러가 된 이 책은 나를 사로잡았다. 실로 지침서 이상의 의미를 지닌 훌륭한 책이었다. 모든 팀 리더에게 한 권씩 사주고 일주일에 한 장씩 읽게 한 다음, 북 클럽처럼 토론하기에 완벽한 책이기도 했다. 두 저자는 모두 네이비실 출신이다. 그들은 이라크 라마디에서 순간마다 상황이 달라지는 긴박한 임무를 맡으며 얻은 리더십에 대한 교훈을 들려준다. 그들의 글 쓰는 스타일은 눈을 떼지 못하게 한다. 이라크에 미군이 들어간 것에 대해 어떤 의견을 가졌든 간에 그들이 가르치는 교훈은 날카로운 통찰을 담고 있으며 기업·비영리·공공 부문에 놀라울 만큼 유효하다. 당신은 당연하다고 생각할지 모르지만 나는 그렇지 않았다. 나는 모든 장을 전투 상황에서 **나의 세계**로 해석해야 할 줄 알았다. 나는 뛰어난 군사적 이야기를 읽은 다음 거기서 배운 교훈을 응용해 최고마케팅책임자 또는 수석 부사장의 역할에 맞춰야 할 것이라고 예상했다.

내 예상은 틀렸다. 해석이나 응용은 필요치 않았다.

레이프와 조코는 이라크에서 겪은 생사를 건 경험을 나누는 일과 거기서 얻은 교훈을 비즈니스에 적용하는 방법을 가르치는 일 사이를 매끄럽고도 능숙하게 오갔다. 나는 지금까지 비즈니스와 리더십에 대한 책을 수천 권 읽었다. 하지만 어떤 저자도 이 두 영웅보다 이 일을 잘하지 못했다.

당연히 우리 팟캐스트에서 레이프를 인터뷰해야 했다. 레이프는 점잖고 현명하며, 예상대로 생각과 행동이 명확하고 단호했다. 해군사관학교를 졸업한 그는 거기서 읽은 《성공하는 사람들의 7가지 습관》이 끼친 영향을 이야기했다(이 책은 리더십 교과과정의 교재였다). 그는 해군사관학교를 졸업한 후 네이비실에 선발되지 못했다. 이 프로그램은 900명의 졸업생

중에서 15명만 받아들였다. 그에게는 무척 실망스러운 일이었다. 네이비실이 되는 것은 그의 평생에 걸친 꿈이었기 때문이다.

그로부터 몇 년 후 마침내 레이프는 네이비실로 받아들여졌다. 이후 그는 9년 동안 네이비실에 복무하면서 이라크에서 세 번의 전투에 참여한 데 이어 훈련을 수료한 네이비실 장교를 위한 리더십 강사가 되었다. 이 프로그램이 얼마나 엄격한지 감을 잡을 수 있도록 말해주자면 그가 가르친 193명의 후보생 중에서 44명만 네이비실이 되었다. 현재 복무 중인 네이비실 대원의 수가 3,500여 명에 불과하다는 사실을 기억하라. 현역 해군의 수는 그보다 약 100배나 많다.

나는 네이비실 대원으로 합격하지 못할 것이다. 상어와 해파리가 무서워서 언제나 물 높이가 발목을 넘지 않는 해변에만 머물기 때문이다(플로리다에서 자라면서 바다에서 어떤 일이 생기는지 잘 알면 그렇게 된다). 그저 해군에 감사할 따름이다.

이제 혁신 통찰을 살펴보자. 그 통찰은 예상할 수 있는 대로 '극한의 오너십extreme ownership'이라는 원제에 담겨 있다. 레이프는 내게 이렇게 말했다. "중요한 건 마음가짐과 태도입니다. 그게 없으면 문제를 해결하고 승리하는 데 필요한 일을 결코 하지 못합니다. 극한의 오너십(주인의식)은 한마디로 누구도 탓하지 않는 겁니다. 핑계는 없습니다. 책임을 지는 것만이 아니라 당신의 세상에 속한 모든 것의 주인이 되어야 합니다. 당신에게 영향을 미치는 모든 것의 주인이 되어야 합니다."[1] 뒤이어 그는 "리더는 오로지 자신이 책임을 져야 한다는 사실을 인식하고 팀을 가야 할 곳까지 이끌기 위해 힘든 일을 해야 합니다. 사람들을 훈련하고 조언하는 일 말이죠"라고 말했다.[2] 이 일은 단순하지만 쉽지 않다. 즉, 이해하기에 어려운 개념은 아니지만 실제 삶에 적용하려면 엄청나게 힘들다. 인간 조건(심리)에는 핑계를 대고, 남 탓을 하고, 비난을 하고 싶게 하는 뭔가가 있기 때문이다. 하지만 그렇게 하면 우리가 직면한 시급한 문제는 결코 해결하지 못한다. 반면 리더가 "내가 이 일을 책임지고 맡는다. 우리는 문제를 해결하기 위해 할 수 있는 모든 일을 할 것이다"라는 분위기를 조성하면 실제로 문제를 해결하고 승리하는 문화를 구축할 수 있다. 레이프와 조코가 조사하고 경험한 바에 따르면 군대뿐 아니라 모든 산업 부문의 리더가 이 원칙으로 변혁적 결과를 얻을 수 있다.

혹시 모든 것의 **주인**이 된다는 레이프의 말이 리더가 모든 것을 **해야** 한다는 뜻인 줄 알았다면 두려워하지 말라. 레이프는 중앙집중식 지휘(리더가 모든 일을 직접 해야 한다고 생각하는 것)와 분산식 지휘(리더가 자신의 직급에 맞는 문제를 실제로 해결하는 것)를 구분한다. 분산식 접근법을 활용하면 임무가 명확해지고 모두가 같은 목표를 향해 나아가게 된다.

레이프는 인터뷰하는 동안 군에서 '블루 온 블루blue-on-blue' 또는 오인사격이라고 부르는 상황에 대해 털어놓았다. 전체 이야기를 알고 싶다면 그의 책을 읽거나 우리 팟캐스트

> "내가 이 일을 책임지고 맡는다. 우리는 문제를 해결하기 위해 할 수 있는 모든 일을 할 것이다"라는 분위기를 조성하면 실제로 문제를 해결하고 승리하는 문화를 구축할 수 있다.

를 들어라. 이 이야기에서 내가 얻은 중대한 교훈은 오인사격이 군사적으로 최악의 상황이라는 것이다. 두 저자가 소속된 부대는 오인사격 상황에 휘말렸다. 그 바람에 이라크군 병사 한 명이 죽고 네이비실 대원 한 명이 다쳤다. 레이프의 말에 따르면 이는 모든 지휘관의 악몽이다. 뒤이은 눈덩이 효과는 종종 지휘관의 해임으로 이어진다. 이 치명적인 사고 때문에 지휘관은 작전을 취소했고, 조사관들이 팀을 조사했다. 그때 작전팀장이던 조코는 모든 팀원을 모아서 책임은 **자신**에게 있다고 분명하게 발표했다. 그는 실패한 작전의 결과를 떠안았으며, 지휘관과 함께 전적인 책임을 졌다. 사실 바로 그 이유로 오인사격이라는 드문 사고에도 조코는 해임되지 않았다. 지휘관은 실제로 조코가 다시는 같은 일이 생기지 않도록 진지한 해결책을 실행하는 모습을 보고 그를 더욱 신뢰하게 되었다. 이것이 바로 극한의 오너십이다.

　조코의 사례는 몇 년 전에 프랭클린코비가 처했던 상황을 상기시킨다. 중대성과 생명 손실 측면에서 비교 대상은 아니지만 그럼에도 기억에 남을 만한 상황이었다. 우리 회사는 크게 성공한 전통적인 교육기업(전 세계에 걸쳐 거의 모든 고객은 물리적 강의실에서 콘텐츠와 솔루션을 소비했다)에서 사스SaaS(서비스형 소프트웨어) 기업으로 변신하고 있었다. 우리 솔루션 중 다수는 디지털로 제공되었으며, 혼합형 학습과 실시간 및 비동시 웨비나를 통해 소비되었다. 또한 많은 경우 자율적인 주문형 학습에 맞게 기획되었다. CEO인 밥 휘트먼은 대규모 사업 및 교육 자료 전환을 이끌었다. 그 목표는 '올 액세스 패스'로 알려진 조직 고객용 전사적 라이센싱 구독 모델로 전환하여 향후 경쟁력을 확보하는 것이었다. 이는 영업이 아니라 미래를 위한 준비였다.

대규모 사업 전환으로 모든 시스템, 구조, 사고방식, 팀 사이의 협력이 혁신되었다. 제품과 솔루션을 설계하는 방식, 잠재고객에게 마케팅하는 방식, 현장 영업팀이 판매 기술뿐 아니라 현재 및 미래의 고객에게 제품과 서비스를 어떻게 제공할지에 대한 이해를 조정하는 방식을 완전히 바꿔야 했다. 이는 비행기를 조종하면서 공중에서 엔진을 교체하는 것과 같았다. 우리는 상장사로서 35년 동안 알았던 모든 것을 근본적으로 바꾸는 한편 매출과 이익을 유지해야 했다. 비행기를 격납고에 넣어서 교체할 여건이 아니었다. 모든 비행기는 교체 작업을 하는 동안에도 비행을 계속해야 했다.

신사업을 출범한 지 약 12개월이 지났다. 우리는 고객으로부터 포털과 사용자 인터페이스의 기능성을 어떻게 업그레이드해야 할지에 대해 엄청나게 많은 것을 배웠다. 또한 관리자 및 사용자 경험과 보안 및 데이터 보호에 대응하는 방식을 개선해야 했다. 이런 사안은 기술 플랫폼을 향해 사업모델을 전환하는 모든 기업에 흔한 것이었지만 그렇다고 해서 해결하기가 더 쉬워지는 것은 아니었다. 그저 우리가 현장 영업 인력에게 약속했고, 그들은 우리의 귀중한 고객에게 같은 약속을 했다고만 말해두자. 기한을 지키고 구체적인 성과를 제시해야 했다. 거기에 회사의 평판이 걸려 있었다.

하지만 우리는 약속과 기한을 어기고 말았다.

다양한 요소 때문에 내부 의지가 약화되었다. CEO가 이끄는 성과 확인 회의가 매일 몇 시간씩 진행되었다. 그럼에도 포털 업그레이드 작업을 맡긴 외부 업체가 일을 제대로 해내지 못할 것이라는 사실이 명확해졌다. 일정이 오래 늦춰진 것은 아니었다. 그러나 우리가 포털 경험을 개선하겠다고 영업 인력에게 약속한 기한을 지킬 수 없었다. 불가능한 일이었다 (장담한다. CEO가 엄청나게 애썼다).

특별히 긴장감이 돌았던 한 임원 회의에서 현실 인식이 이뤄졌다. 약속을 지키려고 온갖 노력을 기울였던 밥은 전사적인 소통을 위한 일정을 잡고 즉시 그 소식을 알리는 게 유일한 선택지라고 발표했다. 구체적인 절차가 어떻게 진행되었는지는 말하지 않겠다. 24시간이 채 지나기 전에 CEO는 회의실에 앉아서 화상회의를 통해 수백 명의 직원에게 있는 그대로 이야기했다. 그는 중요한 사실을 밝히면서 맡은 일을 해내지 못한 사람(회사 내외부에 그런 사람이 많았다)을 탓하거나 핑계를 대지 않았다. 그는 기한을 어긴 것에 대해 전적인 책임을 졌다. 그는 애매하게 말하지 않았다. 왜곡하거나 꾸며내지 않았다. 진실을 말하고 그에 따른 책임을 자신에게 돌렸다. 또한 문제를 언제까지 해결하겠다고 약속하지 않았다. 그 대신 앞으로 진행 상황을 투명하고도 시기적절하게 알리겠다고 약속했다.

당시 CEO의 발언을 지켜보며 회의실 주변을 서성이던 일이 기억난다. 우리 모두가 깊이 존경하던 그는 문제에 정면으로 대응했으며, 수백 명의 직원 앞에서 극한의 오너십을 취했다. 이제 직원은 고객에게 가서 약속을 어겼음을 인정하고 고객의 기대를 재조정해야 했다. 마찬가지로 고통스러운 일은 배우자와 파트너에게 판매와 수수료 지급이 지연되어서 수입이 줄어들 거라고 설명해야 한다는 것이었다.

그 과정은 가혹했다.

고통스러웠다.

하지만 존경할 만하기도 했다.

포털은 마침내 업그레이드를 마치고 문을 열었다. 하지만 몇 시간이나 며칠, 심지어 몇 주 후도 아니었다. 몇 달이 걸렸다. 프랭클린코비의 품질 수준에 맞춰야 했기 때문이다.

어떤 리더도 이런 상황에 처하고 싶어 하지 않는다. 영업 인력은 불만을 품었다. 이해하는 사람도 많았지만 분노하는 사람도 많았다. 일부는 심지어 일시적으로 환멸을 느끼기도 했을 것이다. 하지만 그들 모두는 밥이 회사의 모든 리더가 따라야 할 기준을 세웠다는 믿음을 공유했다. 극도의 주인의

식이라는 기준이었다.

레이프 바빈과 그의 공저자인 조코 윌링크가 나눈 통찰은 《네이비씰 승리의 기술》을 모든 직급의 리더가 읽어야 할 책으로 만든다. 리더가 극한의 오너십으로 마음가짐을 바꾸면 전장뿐 아니라 모든 조직, 팀, 심지어 가족에서도 성공할 수 있는 동일한 변혁적 행동의 모범이 된다.

통찰 ⎯⎯⎯⎯⎯⎯⎯⎯⎯⎯⎯⎯⎯⎯⎯⎯⎯⎯⎯⎯⎯⎯⎯⎯⎯⎯⎯⎯⎯⎯⎯⎯◣

팀원에게 성공뿐 아니라 명백한 실패까지 남 탓을 하지 않고 털어놓으면 유일하게 받아들일 수 있는 기준을 세우게 된다.

질문 ⎯⎯⎯⎯⎯⎯⎯⎯⎯⎯⎯⎯⎯⎯⎯⎯⎯⎯⎯⎯⎯⎯⎯⎯⎯⎯⎯⎯⎯⎯⎯⎯⎯◣

직업적·개인적으로 삶의 모든 영역에서 극도의 주인의식을 드러내는가?

18

스스로 정체성을 선택하라

Choose Your Identity

스테드먼 그레이엄   STEDMAN GRAHAM

경영 및 마케팅 컨설팅 회사 S.그레이엄앤어소시에이츠의 회장 겸 CEO. 마이크로소프트, 딜로이트, 웰스파고 등이 그의 고객이다. 노스웨스트대학교 켈로그 경영대학원 부교수를 지냈고, 인기 교육자이자 강연자로서 전 세계 기업 및 교육기관을 대상으로 교육 프로그램을 진행한다. 10여 권의 책을 낸 베스트셀러 작가이자 오프라 윈프리의 오랜 파트너다.

당신의 정체성에 대해 생각한 적이 있는가? 고백하자면 나는 "당신의 정체성을 개인적 브랜드로 생각할 수 있다"라는 스테드먼 그레이엄의 조언을 읽기 전까지는 그 문제를 제대로 생각해본 적이 없었다.[1]

마치 망치로 머리를 맞은 것 같았다.

이후 나는 정체성에 대해 아주 **오랫동안** 생각했다. 실제로 기업과 개인적 브랜드를 다룬 《실패한 마케팅에서 성공한 브랜드로》라는 책까지 썼다. 하지만 여기서는 정체성에 대한 스테드먼의 연구로부터 약간 다른 통찰을 취할 것이다. 그가 최근에 펴낸 책의 제목은 《정체성 리더십: 다른 사람들을 이끌려면 먼저 자신을 이끌어야 한다Identity Leadership: To Lead Others You Must First Lead Yourself》이다.

나는 인재 개발 부문에서 전체 경력을 보냈다. 그래서 마음가짐, 신념의 창belif window, 패러다임, 동기부여, 목표 그리고 성공과 좌절, 실패의 동인이 되는 행동을 이해하기 위해 상당한 노력을 기울였다. 나는 우리가 자신에 대한 다른 사람들의 생각에 따라 정체성을 형성하는 경우가 많다는 사실을 깨달았다. 우리는 자신에 대한 평판과 달리 다른 사람들이 만들어내는 이야기를 완전히 통제할 수 없다. 우리에 대한 다른 사람들의 인식 중 많은 부분은 나쁜 타이밍이나 불운 또는 불행 같은 우연의 결과다. 삶도 마찬가지다. 그렇다고 해서 평판(우리가 살면서 내린 결정의 총합)을 중심으로 구축하고 보유해야 하는 의도성이 무효화되는 것은 아니다.

당신이 여러 법안에 투표한 기록이 있는 국회의원이 아니라면(현재 나는 아니다) 그냥 가볍게 알고 지내는 사람들은 당신이 어떤 사람인지 온전히 알 수 없다. 나는 지금까지 5개 주요 광역시에 속한 19개 지역에서 살았다. 지역마다 다른 친구와 이웃을 만났다. 하지만 집을 빌리거나, 사거나, 팔거나, 옆집에 살거나, 친구가 된 사람 중 누구도 나와 완전한 경험을 나누지 못했다. 실제로 부모와 아내를 제외하면 대다수 사람은 믿을 수 없을 만큼 긍정적이거나 악몽처럼 부정적인 소수의 경험을 토대로 나에 대한 의견을 형성했다.

나에 대한 칭찬도 있고 비판도 있다. 아마 둘 다 내가 그럴 만한 일을 했기 때문일 것이다. 다만 우리가 좁은 시야를 통해 거의 우리가 최선의 모습이 아닐 때, 그리고 다양한 환경에서 단발적으로 판단된다는 것이 중요하다. 직업적 환경에서 많은 사람은 나를 한두 번 만난 후 또는 몇 시간 동안 산업박람회 부스에서 같이 서 있은 후 나에 대한 의견 내지 결론을 형성한다. 누구의 평판(또는 같은 맥락에서 정체성)도 개별적 순간에 얽매여서는 안 된다.

우리 정체성은 훨씬 복잡하고, 세밀하며, 파악하기 어렵다.

그 뜻은 이렇다. 나는 아주 치열한 사람이다. 사람들은 항상 내가 그렇다고 말한다. 이 말이 칭찬이었던 적은 한 번도 없다. 그보다는 일종의 잽과 같다. 시간이 지나면서 나의 반응은 짜증을 느끼는 데서 웃어넘기는 것으로 옮겨갔다. 나는 절대 속도를 늦추지 않고, 긴장을 풀지 않으며, 제대로 휴가를 즐기지 못할 것이라는 말도 듣는다. 그런 다른 사람들의 인식을 바꾸기 위해 조금은 신경 쓴다. 아내인 스테퍼니가 때로(충분치 않게) 개입하여 부드럽게 그들의 생각을 바로잡기도 한다.

나와 같이 그리스나 이탈리아로 가서 일주일 동안 지내보자. 아마 우리는 수영장 옆에 누워서 책을 읽고, 술을 마시고, 웃고, 음식을 주문하며 거의 모든 시간을 보낼 것이다. 실제로 호텔에 도착해서 수영장으로 직행하는 경우가 흔하다. 나는 샤워를 하고 (아마도 수영장 옆에서) 저녁을 먹기 위해 옷을 입을 시간이 될 때까지 그 자리에 머문다. 그러면서 오랫동안 스스로 유지해온 짜증스러운 긴장감을 덜어낸다. 한편 나는 투어를 예약하고, 기념품을 수집하고, 일정을 따라가며 바삐 돌아다니는 휴가도 좋아한다. 어떤 휴가를 동행하느냐에 따라 휴식을 취하는 내 방식에 대한 당신의 관점은 크게 달라질 것이다. 휴가 경험을 토대로 나의 정체성에 대한 보다 폭넓은 의견을 형성한다면 나는 수영장을 절대 떠나지 않는 동시에 수영장에 갈 만큼 속도를 늦추는 법이 없는 사람이 된다. 그렇다면 어느 쪽이 진실일까?

둘 다 맞다.

둘 다 아니다.

바로 그것이 문제다.

소수의 기준만으로 정체성을 판단하면 틀리기 마련이다. 따라서 배우자, 연인, 가족 또는 가까운 친구나 측근을 제외하면 누구도(다시 말한다. **누구도**) 우리의 정체성을 제대로 판단할 수 없다. 회계사라고 해도 말이다(근접할 수는 있다).

스테드먼은 내게 한 가지 개념을 심어주었다. 거기에 따르면 우리는 정체성을 **찾고**, 소수의 만남을 토대로 한 다른 사람들의 인식을 관리하는 데 너무 많은 시간과 주의를 투자한다. 시간이나 돈, 기운을 쓰는 방식과 관련하여 다른 사람들이 바라는 목표를 계속 좇아서는 안 된다. 공부와 직업 측면에서 스스로 원하는 것을 하는 게 아니라 부모가 강제로 주입한 경로를 따른 사람이 얼마나 많은가? 부모는 거의 틀리지 않으며 무엇이 최선인지 안다는 (그들이 심어준) 인식 때문에 부모의 뜻을 따라야 한다고 생각한 사람이 얼마나 많은가? 부모가 애초에 학비를 대려고 희생했다는 죄책감 때문에 부모가 정해준 직업을 가진 사람이 얼마나 많은가? 부모가 자녀의 성취를 통해 자신들의 실패와 결점에 대한 인식을 만회하려 한다는 생각조차 해보지 않고 이 모든 일을 한 사람이 얼마나 많은가? 이런 문제를 견뎌내고 드러내려면 심야의 탄수화물 폭식과 몇 번의 심리상담이 필요할지 모른다. 나는 이런 경우가 많을 거라고 확신한다. 어쩌면 너무 많을 수도 있다.

아예 정체성을 **찾으려는** 시도를 그만두고 그 대신 스스로 정체성을 **만들면** 어떨까? 스테드먼은 이렇게 쓴다. "정체성을 구축하는 일의 핵심은 소명이 무엇인지 아는 것, 그 일을 잘하는 방법을 아는 것, 세상에서 가치를 창출하는 것이다. 내가 깨달은 바에 따르면 대부분의 경우 비범한 사람은 자신에

아예 정체성을 **찾으려는** 시도를 그만두고 그 대신 스스로 정체성을 **만들면** 어떨까?

게 중요한 비범한 일을 하는 평범한 사람일 뿐이다."[2]

자신(당신을 말한다)에게 중요한 일. 그것이 핵심이다.

좋은 의도를 가진(그리고 특히 나쁜 의도를 가진) 동료, 친구, 이웃, 목사, 부모, 교육자, 상담사 또는 어떤 정체성을 어떻게 가져야 하는지를 다룬 책을 팔고 그에 대한 의견을 말하는 수많은 저술가(나 포함)에게 중요한 일이 아니다. 외부에서 답을 찾는 일을 그만둬라. 그보다 스스로 의도를 갖고 고유한 정체성을 창조하라.

이 통찰과 정체성 선택은 정체성 리더십을 향한 길을 열어준다. 스테드먼에 따르면 이는 자기 리더십의 일종이다. 그는 정체성 리더십이 4가지 측면으로 구성된다고 주장한다. 그것은 자기인식, 자기관리, 타인인식, 타인관리다. 이 순서는 스테드먼의 의도에 따른 것이다. 그의 말을 들어보자. "먼저 자신을 인식해야 자신을 관리하고 자신의 능력과 감정, 리더십 역량을 보살피는 방법을 배울 수 있다. 또한 자기인식과 자기관리 능력을 갖추어야 다른 사람의 필요와 잠재력을 인식할 수 있다. 그리고 타인인식 능력을 갖추어야 다른 사람의 잠재력을 키울 수 있다."[3]

이 장을 마무리하는 날, 〈주노〉와 〈인셉션〉에 출연한 배우 엘리엇 페이지가 자신이 트랜스젠더라고 밝혔다. 나는 할리우드 스타를 삶의 모범으로 보는 일이 드물다. 하지만 정체성을 다룬 장을 마무리하는 지금, 그가 자신의 정체성을 구축하고 선언한 것이 매우 시기적절하다고 느끼지 않을 수 없다. 그는 소셜미디어에 올린 글에서 "참된 모습을 찾는 일에 나설 만큼 마침내 나 자신을 사랑하게 되었다는 것이 얼마나 특별한지 말로 표현하기 어렵습니다. 나 자신을 껴안고 완전히 받아들일수록 더 많이 꿈꾸고, 마음을 키우며, 성장합니다"라고 썼다.

나는 스테드먼 그레이엄이 대다수 사람처럼 이 말에 동의할 것이라고 확신한다.

통찰

다른 사람들이 떠넘긴 정체성을 충족하려 하지 말고 당신의 열정, 재능, 꿈을 가장 잘 살리는 정체성을 창조하라. 당신이 되고 싶은 버전의 당신이 되어라.

질문

어떻게 하면 당신의 '비범한' 측면을 추구하는 데 도움이 되는 정체성을 창조할 수 있을까?

19

멀티플라이어가 되어라

Be a Multiplier
and Not a Diminisher

리즈 와이즈먼　　LIZ WISEMAN

전 세계 수많은 리더를 교육하고 조언을 제공하는 리더십 전문가. 오라클에서 임원으로 일했으며 베스트셀러《멀티플라이어》《멀티플라이어 이펙트》《루키 스마트》를 쓴 저자다. 최고의 경영 사상가 리스트인 '싱커스 50'에 포함됐으며, 세계 최고의 리더십 사상가 10인에도 포함됐다. 브리검영대학교에서 경영학 학사, 조직행동학 석사 학위를 받았다.

나는 강력한 힘을 지닌 책을 알아본다. 그리고 아는 사람들에게 그 책을 소개하는 것을 즐긴다. 리즈 와이즈먼이 쓴《멀티플라이어》가 그런 책 중 하나다.《거인들의 인생 법칙》에서 소개한 모든 책을 매우 즐겁게 읽었지만,《멀티플라이어》가 내가 가장 좋아하는 리더십 도서라고 편안하게 말할 수 있다. 근소한 차이의 2위는 킴 스콧이 쓴《실리콘밸리의 팀장들》이다. 다행히 리즈와 킴은 친구이며, 둘 다 자신들의 책이 나의 리더십 여정에 얼마나 중대한 영향을 끼쳤는지 안다.

리즈는 세계를 선도하는 리더십 권위자. 또한 리더십과 관련하여 전 세계에서 가장 많이 찾는 강연자 중 한 명이다. 장담컨대 그녀는 리더십 분야에서 가장 자주 등장하는 여성 강연자다. 우리는 모두 잘 맞거나 맞지 않는 책을 읽은 적이 있다. 그 여부는 종종 책을 읽는 시점에 좌우된다. 책에서 다루는 문제에 직면해 있으면 그 내용이 계속 떠오르거나 거기서 영감을 얻을 수 있다. 다른 책들은 같은 이유로 덜 가치 있게 느껴지지만 그래도 다른 사람의 절호점을 건드릴 수 있다. 리즈와《멀티플라이어》가 전자의 경우에 속한다.

나는 리더십 부문에서 30년, 그중 프랭클린코비에서 25년을 일했다. 그래서 우리가 발간한 책을 가장 좋아하는 책으로 꼽을 거라고 생각할지도 모른다. 하지만 그건 내게 너무 안일하게 느껴진다. 맞다. 우리 회사는 5,000만 부가 넘는 책을 판매했다. 나는 그중 많은 책의 집필과 편집, 출간에 참여했다. 그래도 내가 가장 좋아하는 책은 여전히《멀티플라이어》다.

지금부터 이 장의 토대가 될 그 이유를 살펴보자.

리즈는 오라클에서 거의 모든 경력을 보냈다. 초기 직원이었던 그녀는 빠르게 승진해 오라클유니버시티 부사장이자 인재 개발 부문의 글로벌 리더가 되었다. 그녀는 오라클을 나온 뒤 와이즈먼그룹을 세웠다. 그 후로 자료를 조사하고 여러 베스트셀러를 쓰는 데 거의 10년을 투자했다. 리즈는 본질적으로 관찰자이자 연구자다. 사람들이 좋은 방향이든 나쁜 방향이든 일하고 이끄는 모습을 지켜보는 것을 좋아한다. 그 점이 《멀티플라이어》를 쓰는 데 영감을 주었다. 이 책에 담긴 주장은 우리가 매일 사람들의 역량을 배가하기도 하고, 뜻하지 않게 감소시키기도 한다는 것이다. 다만 우리는 배가자(멀티플라이어multiplier) 아니면 감소자(디미니셔diminisher)로 양분되는 것이 아니라 2가지 역할을 계속 오간다. 이 사실을 잘 인식하면 더 배가하고, 덜 감소시킬 수 있다.

이 말은 들어보면 쉬워 보인다. 리더십과 관련된 대다수 개념이 그렇다. 하지만 우리 모두는 그렇지 않은 경우가 많다는 걸 안다.

《멀티플라이어》를 사서 뜻하지 않게 다른 사람들의 역량을 감소시키는 9가지 경향이 무엇인지 알아보라. 이 장을 서평에 할애하고 싶지 않다. 그저 안타깝게도 내가 그 모든 경향에 익숙하다는 점만 밝혀두자.

그러면 9가지 경향의 목록을 제시한 후 나를 완전히 바꿔놓은 한 가지 경향을 중점적으로 다루도록 하겠다. 9가지 경

> 우리가 매일 사람들이 지닌 역량을 배가하기도 하고, 뜻하지 않게 감소시키기도 한다는 것이다. 다만 우리는 양분되는 것이 아니라 2가지 역할을 계속 오간다.

향은 아이디어의 샘(초기 버전의 '아이디어맨'에서 업데이트됨), 상시 접속, 구조자, 속도조절자, 긴급구호자, 낙관주의자, 보호자, 전략가, 완벽주의자다.

뜻하지 않은 감소자 경향의 목록을 아우르는 이 책의 전제는 누구도 방에서 가장 똑똑한 사람을 위해 일하고 싶어 하지 않는다는 것이다. 리더의 역할은 천재가 되는 게 아니라 다른 사람들을 천재로 만드는 것이다. 나는 이 책을 읽고 처음 리즈를 인터뷰했을 때 끔찍한 기분을 느꼈다. 마치 발가벗은 채 식스 팩도 없는 몸으로 누워 있는데 누군가가 이불을 젖힌 것 같았다(상상하게 해서 미안하다).

나는 리즈의 조사와 통찰을 통해 나의 리더십 스타일에 대해 엄청나게 많은 것을 배웠다. 나만 그런 게 아니라는 사실이 위안이 되었다.《멀티플라이어》가 〈뉴욕타임스〉 베스트셀러가 된 이유가 거기에 있다. 나는 솔직히 첫 번째 뜻하지 않은 감소자 경향인 '아이디어의 샘'부터 걸리고 말았다. 나는 《멀티플라이어》가 프랭클린코비의 최고마케팅책임자라는 내 역할을 너무나 정확하게 묘사하는 데 거의 경악했다. 나의 영향력, 권력, 장기 근무, 가치, 생존력은 모두 아이디어의 샘이 되는 데서 나왔다. 나는 너무나 능숙하게 나 자신을 아이디어의 샘으로 브랜딩했다(혹은 임명했다). 멍청한 사람에게 관대하지 않은 CEO가 내 책임 영역(심지어 역량)을 훌쩍 뛰어넘는 회의에 나를 초대할 정도였다. 그는 나를 그런 존재로 바라본 것이다(어쨌거나 나는 마케팅을 아주 잘했다).

나는 《실패한~》 시리즈에서 아이디어의 샘이 되어야 한다고 느낀 이유를 폭넓게 그리고 솔직하게 썼다(간단히 말하자면 주로 불안 때문이었다). 다만 여기서 말하고 싶은 사실은 그것이 팀뿐 아니라 회사의 전반적인 전략에 영향을 끼쳤다는 점이다. 그 영향이 항상 긍정적인 것은 아니었다.

나는 CMO로서 성과를 낸다는 확고한 명성을 구축하고 획득했다. CEO, CFO, 이사회, 경영팀의 다른 팀원들이 계속 나를 지지했다는 점이 그 증거다. 하지만 나는 지속적으로 주의를 분산시키는 일도 했다(아마 그때는 이 문제가 덜 분명하게 드러났을 것이다). 아이디어의 샘이었던 나는 걸어다니는 선택지의 뷔페였다. 어떤 뷔페도 나와 비교하면 아무것도 아니었다. 나는 "만약 이렇게 하면 어떨까?"라는 말을 하는 데 나의 핵심 가치가 있다고 믿었다. 돌이켜 보면 종종 요청하지도 않은 제안을 수천 번씩 던지고 뒤이어 잡다한 아이디어, 해결책 그리고 궁극적으로는 쓸데없는 소리를 늘어놓았다. 그 생각을 하니 너무나 민망하다.

왜 쓸데없는 소리일까? 마케터의 일은 해결책을 제시하는 것 아닌가? 달리 무슨 일을 하란 말인가? 그냥 조용히 듣고만 있으라는 건가?

　때로는 그래야 한다. 나는 그 일을 형편없이 했다. 나는 종종 말 그대로 문제를 찾아다니는 해결책이었다. 이 모든 고백을 하는 이유는 나의 요란한 행동이 너무나 성공적이어서(때론 엄청난 자격을 갖춘 리더들을 상대로도) 영향력이 생겼으며, 그래서 내가 주의를 심하게 분산시킬 수 있었다는 사실을 알려 주기 위해서다. 그때는 이런 문제가 항상 두드러지지는 않았다. 그러나 돌이켜 보면 '전투에서 이기기 위해 전쟁에서 지는' 책임이 내게 있는 경우가 많았다.

　이 말이 과장되었을 수 있다. 하지만 나의 아이디어 중 다수는 지속적으로 주의를 분산시킬 위험을 수반하면서 성과를 저해하는 요소가 되었다. 때로 회사의 전반적인 전략에서 멀어지는 조류로 작용할 때는 더욱 그랬다. 내가 회사를 구할 아이디어라고 생각했던 것은 사실 나를 구하기 위한 아이디어에 불과했다. 전체적으로 함께 위험을 피하거나 극복할 수 있는 역량과 기강을 구축하면 항상 회사를 구할 필요는 없었다. 나는 아이디어의 샘인 **동시에** 회의실의 천재가 되었다. 이는 전략과 대인관계 측면에서 수많은 위험에 쉽게 굴복할 수 있는 조합이었다.

　리즈와 함께 두 번에 걸쳐 〈온 리더십〉 인터뷰를 한 후 나는 자의로 CMO 자리에서 물러났다. 그것이 나의 성장에 도움이 될 뿐 아니라 마케팅 부서의 다른 사람들이 자신의 아이디어와 창의성을 키울 수 있는 최고의 전략이라고 생각했기 때문이다. 사실 적기에 물러나는 것은(겸손한 마음으로 하는 말이다) 회사에 좋은 일이었다. CMO로서 나의 기여는 끝날 때가 되었다.

그렇다고 해서 일을 그만두거나 자리에서 물러나는 게 언제나 배가자가 되는 방법이라는 것은 아니다. 그렇지 않다. CMO로서 7년을 일했으면 충분했다. 또한 회사에 내가 이끌어야 하고, 이끌고 싶은 다른 기회도 있었다. 나는 나 자신을 혁신하기를 좋아한다. 아마도 그것이 내가 다른 사람의 요청이 아니라 자발적인 의지에 따라 물러난 이유일 것이다.

우리 모두는 자신을 감소자로 만드는 것이 무엇인지 깊이 고민해야 한다. 내 경우는 아이디어의 샘으로서 주의를 분산시키는 때와 도움이 되는 때를 구분하는 분별력이 부족한 경우가 많았다. 그래도 우리 CEO가 이 장을 읽으면 분명 내가 앞에서 내린 평가보다 후하게 CMO로서 나의 역할을 평가할 것이다. 하지만 사실 그것은 중요치 않다. 중요한 것은 자기인식이다.

리더가 자신의 강점과 약점을, 언제 팀원의 역량을 배가하거나 감소시키는지 알려면 자기인식이 반드시 필요하다. 그 다음에는 겸손하고 솔직하게 그 문제를 직면하고 터놓고 이야기해야 한다. 이 일은 당신의 머릿속에서만 할 것이 아니라 당신이 신뢰하는 다른 사람을 상대로 해야 한다. 그래야 더 나은 리더이자 배가자가 되는 전략을 개발할 수 있다.

리즈의 책을 읽고 9가지 뜻하지 않은 감소자 경향 중에서 어느 것에 공감이 가는지 확인하라. 그다음 동료에게 객관적인 평가를 요청하라. 역량을 감소시키는 경향을 고백하는 것은 부끄러운 일이 아니다. 그런 경향을 고의로 무시하는 것이 부끄러운 일이다.

통찰 ─────────────────────◢

팀의 성과를 배가하는 리더는 자신이 언제 뜻하지 않게 다른 사람의 역량을 감소시키는지 인식할 뿐 아니라 그들이 똑똑한 모습을 보일 여지를 만들고 부여한다.

질문 ─────────────────────◢

당신은 스스로 천재가 되려고 하는가 아니면 다른 사람을 천재로 만드는가? 어떻게 하면 다른 사람을 대할 때 감소자가 아니라 배가자가 될 수 있을까?

20

가장 중요한
단 하나는
무엇인가?

The ONE Thing

제이 파파산   JAY PAPASAN

부동산 중개 회사 켈러윌리엄스리얼티의 임원이자 출판사 켈러잉크, 부동산 투자회사 캘러캐피털, 파파산프로퍼티그룹의 공동 소유주. 하퍼콜린스 출판사 편집자로 근무하는 동안 수많은 베스트셀러를 기획하고 편집한 바 있다. 게리 켈러와 함께 집필한 《원씽》은 35개 언어로 번역, 150만 부 이상 판매되었으며 아마존 종합 베스트셀러 1위에 올랐다.

2008년에 제이 파파산은 켈러윌리엄스의 사내 대학을 이끌면서 회원을 위한 새 강의를 기획하고 있었다. 모르는 사람을 위해 알려주자면 켈러윌리엄스는 전 세계에 17만 명의 회원을 둔 미국 최대의 주거용 부동산 중개 회사다. 결코 작은 회사가 아니다. 공동 설립자인 게리 켈러는 제이의 기획안을 집으로 가져가 방송용으로 서두를 고쳤다. 강의 대상은 비서를 둘 수 있을 만큼 소규모 부동산 중개 사업을 키우고 싶어 하는 회원이었다. 창업자가 서두에 인사를 하는 것보다 그들을 북돋는 더 나은 방법이 있을까?

게리는 〈하나의 힘 The Power of One〉이라는 8쪽짜리 새 인사말을 들고 왔다. 제이는 "책으로 만들 만한 것 같아요"라는 반응을 보였다. 그렇게 해서 게리 켈러와 제이 파파산이 쓴 베스트셀러, 《원씽》이 만들어졌다. 이 책은 오랫동안 미국에 있는 모든 공항 서점의 서가를 뒤덮었다. 2013년에 처음 출간된 이 책의 전제는 단순한 진실을 토대로 삼는다. 자수성가한 억만장자로서 게리 켈러의 삶과 경력에서 나온 이 진실은 "크게 성공한 일에서는 오직 하나에 집중한 반면 성공의 정도가 다양한 일에서는 집중력이 분산되었다"라는 것이다.[1]

맞다, 이 책은 스콧 밀러가 추천하는 또 다른 책이다. 그건 그렇고 나는 실물 책을 좋아한다. 동네 서점에서 책을 사서 집에 돌아오면 가장 먼저 커버를 벗겨 책상 위 안전한 곳에 둔다. 그래야 읽으면서 찢지 않는다. 나중에 책을 다 읽으면 커버를 다시 입혀서 거실에 있는 책장에 꽂아둔다. 문제는

디너 파티 동안 껑충 뛰어서 책을 뽑은 다음 누군가에게 무조
건 읽어야 한다며 충동적으로 줘버린다는 것이다(대부분의 책
을 2권 사는 이유가 거기에 있다). 이렇게 하는 게 과한가? 맞다.
현명한가? 논쟁의 여지가 있다. 재미있는가? 엄청 재미있다!

《원씽》의 경우 나는 이 책이 너무나 귀중하다고 생각했다.
그래서 어느 날 저녁 전 세계에 있는 모든 학교 도서관 사서
가 끔찍하게 여길 일을 저질렀다. 150쪽을 찢어낸 것이다.

세상에! 얼마나 많은 기도를 해야 이 죄를 씻을 수 있을까?

이 책은 **순전히 노다지**다. 그러면 왜 150쪽만 찢어냈을까?
이 책을 사면 그 이유를 알게 될 것이다. 힌트를 주자면 게리
와 제이는 책 전체에 걸쳐서 마치 주문처럼 하나의 질문을 거
듭 반복한다. "다른 모든 일을 더 쉽거나 불필요하게 만드는
단 하나의 일이 무엇인가?"

뭐라고? 아직 이해하지 못한 사람을 위해 천천히 다시 말
하겠다(아주 천-천-히 다음 구절을 읽어라). "다른 모든 일을 더
쉽거나 불필요하게 만드는 **단 하나**는 무엇인가?"

너무나 단순하고, 너무나 심오하다. 제이는 책에서 이 질문
을 이해하기는 쉽지만 "'단
하나'의 일을 하기는 어렵다.
안타깝게도 우리가 너무 많
은 다른 일에 손을 댔기 때문
이다. 이 '다른 일들'은 종종
우리 생각을 흐리게 하고, 행

> "다른 모든 일을 더 쉽거나 불필
> 요하게 만드는 단 하나의 일이
> 무엇인가?"

동을 오도하며, 성공을 탈선시킨다"라고 말한다.②

당신의 생활이 그렇지 않은가? 나의 생활은 그렇다. 잠시 샛길로 빠지도록 하겠다. 우리 팟캐스트에 게스트로 초대되려면 몇 가지 관문을 통과해야 한다. 게스트들은 모르지만(지금까지는 그랬다) 대개 다음과 같은 기준이 적용된다.

- 리더십과 관련하여 구독자, 청취자, 시청자(우리 방송은 엄밀히 말하면 팟캐스트지만 약 50퍼센트의 사람은 영상으로 접한다)에게 제공할 고유하고 귀중한 뭔가가 있는가?
- 책을 쓴 경우 그 내용이 청취자와 시청자의 능력을 즉시 개선하는가?
- 평판이 좋은가? 신뢰할 만한가? 우리 브랜드 및 평판에 어울리는가?
- 관점과 경험이 청취자와 시청자의 사고방식을 바꾸도록 문제를 제기하는가?
- 연간 52회만 방송된다는 점을 감안할 때 전 세계의 청중이 시간을 투자할 만한 중량감을 지니는가?
- 가장 중요하게는 스콧이 존중하는 사람인가(실질적인 요건은 아니지만 분명 도움이 된다)? 진지하게 말하자면 적극적이고, 일정을 잡기 쉽고, 우리 청중을 중요시하는가? 그렇지 않은 경우 말과 행동에서 드러난다.
- 제이는 모든 부문에서 A+를 기록했다.

내가 150쪽을 찢어낸 이유는 거기에 변혁적 목표 설정 절차가 담겨 있기 때문이다. 내 생각에 이 절차는 모두가 공감하고 실행할 수 있다. 세계적으로 사업을 확장하고 싶어 하는 억만장자 창업자이든, 식기세척기를 사려고 돈을 모으는 가정주부든, 첫 번째(또는 두 번째) 손님을 기대하는 자영업자든 모두 똑같다. 다시 말하지만 너무나 단순하고, 너무나 심오하다. 두 저자의 허락을 받아서 150쪽에 나오는 '기간별 목표 설정'의 내용을 소개한다.

- 장래 목표: 내가 장래에 하고 싶은 **단 하나**는 무엇인가?
- 5년 목표: 장래 목표를 토대로 이후 5년 동안 할 수 있는 **단 하나**는 무엇인가?
- 연간 목표: 5년 목표를 토대로 올해 할 수 있는 **단 하나**는 무엇인가?
- 월간 목표: 연간 목표를 토대로 이번 달에 할 수 있는 **단 하나**는 무엇인가?
- 주간 목표: 월간 목표를 토대로 이번 주에 할 수 있는 **단 하나**는 무엇인가?
- 일간 목표: 주간 목표를 토대로 오늘 할 수 있는 **단 하나**는 무엇인가?
- 바로 지금: 일간 목표를 토대로 바로 지금 할 수 있는 **단 하나**는 무엇인가?

우리 중에서 장래 목표를 정한 사람이 얼마나 될지 궁금하다. 이는 기간별 목표 설정 절차의 첫 번째 단계다. 여기서 편집 요건을 맞추기 위해 추가 내용으로 분량을 더 채울 수 있지만 그렇게 하지 않겠다. 그 대신 아래에 추가한 내용을 보고 7가지 질문에 답해보라. 꼭 그렇게 해야 한다. 안 그러면 하퍼콜린스 리더십의 담당 편집자에게 나의 태만한 집필 습관을 해명해야 한다. 준비되었는가? 그럼 시작하자.

- 장래 목표: 내가 장래에 하고 싶은 **단 하나**는 무엇인가?

_____

- 5년 목표: 장래 목표를 토대로 이후 5년 동안 할 수 있는 **단 하나**는 무엇인가?

_____

- 연간 목표: 5년 목표를 토대로 올해 할 수 있는 **단 하나**는 무엇인가?

_____

- 월간 목표: 연간 목표를 토대로 이번 달에 할 수 있는 **단 하나**는 무엇인가?

_____

- 주간 목표: 월간 목표를 토대로 이번 주에 할 수 있는 단 **하나**는 무엇인가?

  _____

  _____

- 일간 목표: 주간 목표를 토대로 오늘 할 수 있는 **단 하나**는 무엇인가?

  _____

  _____

- 바로 지금: 일간 목표를 토대로 바로 지금 할 수 있는 **단 하나**는 무엇인가?

  _____

  _____

목표에서 쉽게 멀어지거나, 목표를 달성할 권한을 부여받지 못했다고 느끼거나, 목표를 신경 쓰지 않는 리더 밑에서 일하는가? 그렇다면 다음과 같은 제이의 말을 토대로 적절성을 따져보라. "나는 **단 하나**와 연관성이 있는 요청만 고려한다."

과감하지만 분명 변혁적인 말이다!

통찰 ————————————————————————————————◢

어떤 수준이든 목표를 달성하려면 체계적이고 실용적인 접근법을 따라야 한다. 이는 궁극적으로 뭔가 다른 일을 하게 만든다, 바로 지금.

질문 ————————————————————————————————◢

위에 나온 질문을 건너뛰었는가? 그랬다면 당신은 형편없는 목표 설정자가 될 뿐 아니라 장래 목표를 절대 달성하지 못할 것이다. 그게 무엇인지도 모르기 때문이다. 그냥 넘어가지 말라. 다시 돌아가서 질문에 답하라.

21

무모하지 말고
과감하라

Fearless vs. Reckless

세스 고딘   SETH GODIN

세계에서 가장 영향력 있는 마케팅 구루. 스탠
퍼드 경영대학원에서 MBA 과정을 마치고 다
양한 글로벌 기업의 CEO를 역임했다. 온라인
마케팅 기업 요요다인 설립 이후 수백 개 기업
을 지도했고, 야후의 마케팅 담당 부사장, 온라
인 커뮤니티 서비스 스퀴두의 CEO로 활약했
다. 《마케팅이다》《트라이브즈》《린치핀》《보
랏빛 소가 온다》 등 그의 책들은 전 세계 35개
이상의 언어로 번역된 글로벌 베스트셀러다.

나는《보랏빛 소가 온다》를 통해 세스 고딘을 처음 알게 되었
다. 이 책은《트라이브즈》《린치핀》그리고 최근에 나온《마
케팅이다》와《더 프랙티스》를 비롯한 다른 많은 책과 더불어
고전이 되었다. 나는 그의 일간 블로그를 구독한다(그는 12년
넘게 하루도 포스팅을 거르지 않았다). 프랭클린코비와의 협업과
관련하여 그에게 연락한 것은 10년 전이었다. 나는 최고인사
책임자인 토드 데이비스(22장에서 소개함)와 함께 그의 초대를
받아 뉴욕시 외곽에 있는 사무실로 갔다. 그 자리에서 그는
자신의 브랜드와 글에 맞게 관대하고 너그러운 모습을 보여
주었다.

　토드와 나는 회의가 금방 끝날 거라고 생각하며 그의 사무
실에 도착했다. 세스는 문에서 우리를 맞아 안으로 데려가더
니 바로 점심을 만들어주었다. 그것도 밖에서 사온 샌드위치
를 접시에 담아내는 수준이 아니었다. 그 정도만 해도 뜻밖이
었을 것이다. 하지만 그는 가게까지 가서 사온 신선한 채소
를 맛있게 볶아주었다. 그동안 우리의 개인적 관심사와 열정
뿐 아니라 가족과 배경에 대해 물었다. 이 모든 일은 우리가
비즈니스와 관련된 말을 하기 훨씬 전에 일어났다. 그날부터
10년에 걸친 우리 우정이 시작되었다. 또한 나는 켄 블랜차드
의 표현대로 그의 광적인 팬이 되었다.

　세스는 당연하게 내가 우리 팟캐스트에 초대한 초기 게스
트 중 한 명이었다. 그는 관대하게 나의 첫 책인《실패한 경영
에서 성공한 리더십으로》에 추천사를 써주었다. 그동안 나는

188

성인이 된 후 다른 누구보다 세스에게서 많은 것을 배웠다. 무엇보다 인상적인 것은 무모함과 대비되는 과감함이라는 개념이었다. 내 생각에는 이 둘을 혼동하는 사람이 많다.

이 통찰은 여기서 소개하는 많은 혁신 통찰과 마찬가지로 당연한 말처럼 들린다. 그래서 '무모한 행동과 과감한 행동을 혼동하지 말라는 거지?'라고 생각하게 된다. 하지만 볼테르가 쓴 대로 "상식은 그다지 흔하지 않다." 흔하다면 나는 케일과 브로콜리, 시금치를 훨씬 많이 먹고 빵, 버터, 치즈를 훨씬 적게 먹을 것이다.

과감함을 일종의 강점으로 받아들이기 쉽다. 용감하게 나서고, 허세를 부리고, 과감하게 발언하고, 냉엄한 진실을 말할 수 있는 사전 승인인 것처럼 생각할 수 있다. 이런 생각에는 일리가 있다. 속마음을 이야기하려면 친구를 잃거나, 디너파티가 파하거나, 심지어 관계가 손상되는 위험을 무릅쓰는 상당한 용기가 필요하다. 그러나 직장에서 과감함으로 포장된 이런 무모함은 평판을 손상하고, 팀의 사기를 저하하고, 발전하는 문화를 해치고, 생산성을 저해한다. 이 모두는 '과감함'이 사람을 도취하게 하고 심지어 중독적이기 때문이다. 과감함은 여파를 신경 쓰지 않는 일련의 행동에 붙이는 편리한 라벨이다. 과감하게 행동하는 것은 많은 강점과 마찬가지로 과도할 수 있고, 다른 것으로 변질될 수 있다. 우리가 과감하다고 말하는 행동이 실은 무모한 행동인 경우가 너무나 많다.

그렇다면 둘의 차이는 무엇일까?

나는 스스로 과감하게 행동한다고 확신하면서 성인기의 대부분을 보냈다. 나는 20대 때 플로리다에서 나라 반대편에 있는 유타로 이사했다. 유타에서는 주류 문화에 속하지 않는다는 사실을 확실하게 보여주는 방식으로 말하고 행동했다. 직장에서도 '거침없이 말한다'는 인상을 주는 것을 즐겼다. 노골적이고 걸러지지 않은 의사소통 스타일을 개인적 브랜드의 일부로 삼았다. 나는 과감하다는 인식을 훈장처럼 달고 다녔다. 하지만 과감하게 행동하는 것과 무모하게 행동하는 것 사이에는 핵심적인 차이가 있다. 바로 **실제로** 누구를 위해 그렇게 행동하느냐다.

무모한 행동은 자만심을 채우고, 성품으로부터 멀어진다. 사려 깊다기보다 충동적이고, 멀리 본다기보다 근시안적이다. 요컨대 무모함의 한 가지 특징은 **이기적**이라는 것이다. 반면 과감함의 한 가지 특징은 **이타적**이라는 것이다. 우리가 던져야 할 질문은 "이 행동으로 누구를 도우려 하는가?"이다.

나는 세스를 만나면서 지금까지 많은 시간 동안 과감함과 무모함을 혼동했으며, 너무 오랜 세월을 생각나는 대로 말하면서 보냈다는 사실을 깨달았다. 한 마디도 걸러지지 않았다. 머릿속에 떠오르면 바로 입 밖으로 내뱉었다. 그게 과감한 거라고 믿었다. 말해야 하는 거라면 기꺼이 입을 열었다. 말 그대로 관계를 파괴하는 용병으로서 모든 논쟁에 뛰어들었다. 나만 그런 게 아니다. 우리는 모두 "그냥 생각나는 대로 말한다"거나 "그냥 옳다고 생각하는 대로 결정한다"라고 약간 멋

부리며 공언하는 사람을 안다. 심지어 말폭탄을 던져서 상대방의 자신감이나 자존감을 해치고, 팀의 신뢰와 협력을 무너뜨려 놓고는 다른 방향으로 걸어가는(뛰어가는) 일에 능숙한 겁쟁이도 있다.

과감함과 무모함을 나누는 선은 종종 매우 미세하다. 너무나 미세해서 우리는 그 선을 보지 못하거나, 넘어갔을

> 우리가 과감하다고 말하는 행동이 실은 무모한 행동인 경우가 너무나 많다. 과감함과 무모함을 나누는 선은 종종 매우 미세하다. 너무나 미세해서 우리는 그 선을 보지 못하거나, 넘어갔을 때의 여파를 과소평가한다.

때의 여파를 과소평가한다. 특히 다른 사람에게 무해하다고 정당화할 수 있을 때는 더욱 그렇다. 하지만 우리는 종종 그 방정식에 우리 자신을 넣는 것을 잊어버린다. "나의 행동은 깊은 가치관과 삶의 목적에 맞는가 어긋나는가?" 또는 "이렇게 함으로써 내가 치러야 하는 대가는 무엇인가?"를 따지지 않는다.

세스의 현명한 조언은 내 머릿속에 영원히 자리 잡았다. 그래서 내가 하는 일, 내가 믿는 주장, 내가 하는 말을 보다 신중하게, 보다 의도적으로, 보다 세심하게 살피게 되었다. 또한 나의 성격 중 어떤 부분이 다른 사람에게 호감을 사고 가치 있게 느껴지는지, 어떤 부분이 그렇지 않은지 좀 더 잘 직시하게 되었다. 아내는 근래에 (수많은 화상 회의, 줌 회의, 다른 가

상 회의에서 내가 하는 말을 들은 후) 내게 나의 유머가 대부분 다른 사람을 (때로는 가혹하게) 놀리는 내용이라고 말했다. 그녀는 코로나 팬데믹으로 몇 달 동안 격리당한 상태에서 내가 수백 번의 회의를 하는 모습을 보았다. 그래서 슬프게도 그 말은 지어낸 게 아니었다. 그녀의 통찰은 내게 충격으로 다가왔다. 나는 종종 내가 그저 '놀리기를 좋아하는 사람'이라고 생각했기 때문이다(일부 언어 전문가는 '못된 사람'이라고도 함). 하지만 약간의 성찰과 자기분석을 해보니 내가 어디서 과감함과 무모함 사이의 선을 넘었는지 쉽게 알 수 있었다. 아내는 나의 무모함(내가 얼마나 위트 있고 웃기는지 과시하려고 다른 사람을 기분 나쁘게 하는 것)을 알리기 위해 과감한 피드백을 했다(그녀는 나를 돕기 위해 나를 기분 나쁘게 할 위험을 감수했다).

과감하게 행동하려면 용기를 보여야 하고, 평소에 익숙해진 영역에서 벗어나야 한다. 우리 말과 행동이 불러올 결과를 숙고해야 한다. 순간적인 감정에 사로잡혀서 머릿속에 있는 생각을 그대로 말해버리면 다음 주에 우리 관계는 어떻게 될까? 협력이나 연합에 대해 과도한 약속을 했다가 싫증이 나면 (더 나쁘게는 나중에 마음이 바뀌면) 나의 평판에 어떤 영향이 미칠까?

나는 세스가 유타주 파크시티에서 겨울 스키 휴가를 보내는 동안 과감하게 행동하는 모습을 보았다. 그는 나의 초대로 프랭클린코비 임원들과 함께 CEO의 집에서 회동하는 데 동의했다. 우리는 두어 시간 동안 서로 협력할 분야에 대해 논의했다. 첫 대면 회동이 대개 그렇듯이 의제는 다소 유동적이고 유기적이었다. 명확한 내용이 형성되지 않았다. 그때 자칭 관습 타파자인 세스는 명백히 관심 없는 분야와 관심 있는 분야를 정중하면서도 과감하게 밝혔다. 품위 있으면서도 확고했다. 간결하면서도 명확했다. 세스의 특징처럼 효율적이면서도 효과적이었다.

세스에게는 자신의 목적과 사명에 명백히 맞지 않는 모든 협업, 협력, 기회에 관심을 보이는 게 무모한 일이었다. 그러면서도 그는 사업가이자 리더 유형으로서 베팅을 하고, 조절된 리스크를 감수하고, 새로운 일을 시도하는 것을 좋아한다. 자신이 설정한 우선순위에 맞다면 말이다. 그는 무모함과 과감함 사이에서 세심하게 균형을 맞출 줄 안다.

삶의 대다수 일과 마찬가지로 과감함과 무모함을 구분하는 일은 자기인식에서 시작된다. 즉 자신이 어떤 사람인지, 어떤 사람이 되고 싶은지 알아야 한다. 또한 다른 사람들이 자신과 함께 회의를 하고, 프로젝트를 추진하고, 영상회의를 하고, 우정이나 사랑을 나누는 등의 일이 어떤 양상으로 진행되는지 알아야 한다. 과감해지려고 하다가 무모함으로 이어지는 위험한 비탈길에서 미끄러지지 말라. 고귀한 목적에 기여할 때 진정으로 과감한 자세를 유지하라.

통찰 ────────────────────────────────────◢

언제 당신의 과감한 행동이 사람들에게 뜻하지 않은 영향을 미치고, 그들을 폄하하거나 심지어 관계를 해치는 결과로 이어지는지 잘 인식해야 한다.

질문 ────────────────────────────────────◢

과감함과 무모함을 잘 구분할 수 없다면 "어떤 모습을 보이고 싶은가?" "어떻게 기억되고 싶은가?" "상대방이 어떤 감정을 느끼기를 원하는가?"라고 자문하라.

22

사람보다 관계다

The Power of Relationships

토드 데이비스

TODD DAVIS

프랭클린코비의 최고인사책임자이자 수석 부사장. 인적자원, 인재 개발, 임원 채용, 영업과 마케팅 분야에서 30년 이상의 경험을 쌓아왔다. 프랭클린코비 혁신 그룹과 채용 부서를 거쳐 현재는 160개국 40개 이상의 지사에서 행해지는 프랭클린코비의 글로벌 인재 개발을 책임지고 있다. 프랭클린코비에 합류하기 전에는 10년 동안 의료업계에서 근무했다.

모든 조직에는 핵심 인물이 있다. 그들은 모든 직원이 영감을 얻고 자신의 잠재력을 실현할 모범으로 삼는 사람, 혼란한 상황에서도 침착하게 중심을 잡아주는 사람, 진실되게 기준을 세우는 리더다. 그들은 창업자이거나 자신의 이름을 회사명으로 만든 사람인 경우도 있고, CEO나 이사회 의장인 경우도 있다. 또한 회사의 얼굴이나 상징적 존재 또는 가장 오래 근무했거나 회사와 관련하여 독보적인 지식을 가진 사람일 수도 있다. 핵심 인물이 누구인지는 조직마다 다르다.

프랭클린코비의 경우 최고인사책임자인 토드 데이비스가 핵심 인물이다.

분명 토드를 존중하지 않는 일부 직원은 내 말에 반발하면서 CEO나 공동 설립자 중 한 명이 핵심 인물이라고 말할 것이다. 그러나 저자가 되면 좋은 일 중 하나는 이것이 나의 책이기에 얼마든지 원하는 대로 쓸 수 있다는 것이다(비방이 아니라면 말이다).

토드의 이름을 들어본 독자도 있을 것이다. 그는 유명한 사상 리더로서 수백 개 행사에서 강연했다. 거기에는 유명한 세계비즈니스포럼과 다른 많은 인사 및 직업능력 개발 콘퍼런스가 포함된다. 토드는 〈월스트리트저널〉 베스트셀러인 《개선하라: 직장에서 효과적인 관계를 구축하는 15가지 검증된 관행Get Better: 15 Proven Practices to Building Effective Relationships at Work》을 썼고, 빅토리아 루스올슨, 나와 함께 《모두가 훌륭한 상사를 둘 자격이 있다: 팀을 이끄는 6가지 핵심 관행Everyone

Deserves a Great Manager: The 6 Critical Practices for Leading a Team》을 썼다. 그는 또한 직장 문화와 직장에서의 관계에 대한 팟캐스트, 라디오 인터뷰, 칼럼과 기사에도 자주 등장한다. 참, 빠뜨릴 뻔했다. 그의 본업은 우리 회사의 수석 부사장 겸 최고인사책임자로서 문화, 채용, 고용정책, 직업능력 개발 그리고 인사관리와 관련된 수많은 핵심 사업을 이끈다. 또한 베스트셀러에 오른 우리의 여러 솔루션을 기획, 개발, 제공하는 일에서도 중심적인 역할을 한다. 개인적으로는 그가 지금도 직원을 대상으로 우리 회사의 근본적인 인재 개발 프로그램인 〈성공하는 사람들의 7가지 습관〉을 진행한다는 점이 가장 인상적이다. 구두 수선공의 아이는 구두가 없다는 속담과는 다르게, 적어도 프랭클린코비에서는 구두 수선공의 아이들도 **실제로 구두를 얻는다!**

토드는 모든 곳에서 관계를 구축하는 일에 치열하게 집중한다. 실제로 그의 강연이나 저술, 인터뷰에서 관계라는 단어를 자주 듣고 볼 수 있다. 그의 말에 따르면 성과를 내기 위해서는 관계가 정말로 중요하기 때문이다.

토드는 첫 번째 책인 《개선하라》에서 다소 도전적인 태도로 "사람은 조직에서 가장 귀중한 자산"이라는 경구가 틀렸다고 한다. 실제로 이 말은 헛소리다. 그렇다고 해서 토드가 회사나 기관에 속한 사람들의 가치를 깎아내리려는 것은 아니다. 단지 그는 사람이 조직에서 가장 귀중한 자산이라는 생각에 문제를 제기할 뿐이다. 그는 한 걸음 더 나아가 사람 **사**

이의 관계가 가장 중요하다는 사실을 전파한다. 이것이 이 장의 혁신 통찰이다.

사람 사이의 관계는 문화를 구축하며, 한데 모여서 궁극적인 경쟁우위를 형성한다. 당신은 조직의 핵심적인 차별화 요소는 더 이상 모방하거나 훔칠 수 없다고 주장할 수도 있다. 그러나 모든 것은 모방하거나 훔칠 수 있다. 특허, 등록상표, 로고, 공급사슬, 가격 설정, 시장 진입 전략 등이 당신만의 것처럼 느껴질 수 있다. 하지만 장기적으로 보면 그것은 착각에 불과하다. 당신에게 유일하게 고유한 자산은 문화를 형성하는 사람 사이의 관계다. 이 관계는 불가분하게 얽혀 있다.

따라서 모든 리더는 참된 고신뢰 관계를 구축하는 일에 집착해야 한다.

'잠깐만, 앞에서 리더의 주된 역할은 인재를 채용하고 유지하는 것이라고 하지 않았나?'라는 생각이 들 수 있다. 맞다, 실제로 그렇다. 하지만 거기서 멈춰서는 안 된다. 신동을 채용하고 유지하는 데서 그치면 각자 따로 행동하는 인재들의 모임만 생길 뿐이다.

그것도 좋지만 골프라는 스포츠에나 그렇다. (그게 정말로 스포츠가 맞긴 한가?)

인재를 채용하고 유지하는 엄청나게 어렵고 중요한 역할을 넘어서 그들이 서로 협

> 유일하게 고유한 자산은 문화를 형성하는 사람 사이의 관계다.

력하고, 소통하고, 공유하며, 보완하게 만들어야 한다. 서로 사과하고, 용서하며, 어쩌면 가장 중요하게는 관대하게 대하도록 만들어야 한다. 아무리 성숙하고, 많이 배우고, 교양 있고, 유능한 직원도 다른 사람에게 바보 같은 말과 행동을 하기 때문이다. 인간이라는 존재가 원래 그렇다. 짜증스러운 점은 모든 직원이 인간이라는 것이다. 적어도 몇 년 후에 인공지능이 혁신을 일으키기 전까지는 말이다.

나는 토드, 빅토리아와 함께 《모두가 훌륭한 상사를 둘 자격이 있다》를 썼다. 거기서 우리는 팀을 이끌기 위한 6가지 핵심 관행을 제시했다. 그 내용은 다음과 같다.

1. 리더의 마음가짐을 길러라.
2. 정기적인 일대일 면담을 하라.
3. 성과를 낼 수 있도록 팀을 준비시켜라.
4. 피드백 문화를 만들어라.
5. 변화를 통해 팀을 이끌어라.
6. 시간과 활력을 관리하라.

이들 관행을 나열한 이유는 첫 번째 관행이 관계에 대한 토드의 전제를 따르는 데 반드시 필요한 조건이기 때문이다. 지금부터 자세히 설명할 테니 칵테일이라도 한 잔 따라놓아라.

리더의 마음가짐을 기를 때 머릿속에 깊이 자리 잡은 팀원,

리더십 스타일, 역할에 대한 패러다임과 신념에 도전해야 한다. 효과적인 리더십 마음가짐은 다른 사람들과 **함께** 그리고 다른 사람들을 **통해** 성과를 내야 한다고 생각하는 것이다. 이 점을 명심하라.

실로 변혁적인 내용이기 때문에 다시 한번 강조하도록 하겠다. 리더의 마음가짐과 기여는 다른 사람들과 **함께** 그리고 다른 사람들을 **통해** 성과를 내는 것이어야 한다.

이 새롭고 효과적인 리더의 마음가짐을 받아들이면 모든 것이 바뀌고 개선된다. 팀원을 우선시할 뿐 아니라 당신과 팀원 사이의 관계에 집중(또는 재헌신)하기 시작하기 때문이다. 또한 모든 부서와 조직에 걸쳐서 더 나은, 신뢰하는 관계를 구축하는 방법에 주의를 기울이게 된다. 그 결과 당신은 자신의 역할을 달리 보게 된다. 더 이상 급히 끼어들어서 구원에 나서야 한다는 충동 또는 욕구를 느끼지 않는다. "일을 올바로 하고 싶으면 직접 해야 한다"라는 낡은 마음가짐은 사라진다. 그 대신 당신의 핵심 역할과 주된 기여는 다른 사람들의 능력과 역량을 개발하는 일임을 깨닫게 된다. 속도를 늦추고, 좀 더 인내심을 가지며, 다른 사람들이 배우고 성장할 수 있도록 귀를 기울이고 조언하고 가르치기 시작한다. 이는 가시적인 변화이며, 그 결과는 즉시 명백해진다.

이 새로운 마음가짐은 당신의 변화를 요구한다. (당신 자신과 다른 사람들에 대한) 사고방식과 믿음뿐 아니라 행동방식도 바꿔야 한다. 다른 사람들과 함께, 다른 사람들을 통해 성과를 내기 위해서는 문화 속에서 변화를 이루는 존재가 되어야 한다. 다른 사람들을 가르치는 시간에 투자하지 못하게 하는 지속적인 비상사태를 거부해야 한다. 종종 단지 더 빠르고 쉽다는 이유로 당신이 직접 사안이나 문제를 해결하면서 인정받고자 하는 욕구를 억눌러야 한다는 뜻이다.

주위를 둘러보고 직장에서 당신이 맺은 관계가 얼마나 건강한지 살펴라. 개인적 삶에서의 관계도 살펴라. 관계가 삶에서 가장 귀중하다고 믿으면 모든 것이 더 나아진다.

통찰

조직에서 가장 귀중한 자산이 사람이라는 믿음의 함정에 빠지지 말라. 가장 귀중한 자산은 사람 **사이**의 관계로 구축되고 정의되는 **문화**다.

질문

현실을 직시하라. 관계의 힘에 대해 그저 편리하게 들리는 말만 되풀이하는가, 아니면 조직과 전반적인 삶에서 실로 관계의 가치를 뒷받침하는 믿음과 행동을 따르는가?

23

단순한 메시지가 이긴다

Clarify Your Message

도널드 밀러

DONALD MILLER

아마존 베스트셀러 1위 《무기가 되는 스토리》
의 저자. 고객의 마음을 사로잡는 강력한 스토
리 공식을 발견하고, 마케팅 및 메시징 컨설팅
회사 스토리브랜드를 창립하여 인텔, 팬틴, 켄
블랜차드컴퍼니 등 매년 3,000명이 넘는 비즈
니스 리더에게 영감을 주고 있다. 《재즈처럼
하나님은》 《온택트 마케팅》을 비롯한 다른 여
러 베스트셀러를 집필했다.

영화 〈록키 호러 픽처 쇼〉

감독 겸 시나리오 작가 크리스토퍼 게스트

밴드 '스트링 치즈 인시던트'

프리미엄 테킬라 브랜드 '카사미고스 테킬라'

배우 겸 코미디언 제니퍼 쿨리지

하이알라이•

도널드 밀러

• 3면이 벽인 공간에서 라켓으로 벽에 쳐서 되돌아오는 공을 받는 스포츠.

이 목록의 공통점은 무엇일까? 바로 열렬한 추종자가 있다는 것이다. 좋다, 도널드 밀러가 '스트링 치즈 인시던트'나 하이알라이와 같은 목록에 오른 것은 역사상 처음 있는 일임을 인정한다. 하지만 나는 사람들을 놀래주고 싶다!

도널드 밀러는 지난 몇 년 사이에 혜성처럼 등장한 느낌이 든다. 하지만 넬리 갈란을 다룬 16장에서 읽은 대로 벼락 명성 같은 것은 없다. 당신이 로레나 보빗••이 아니라면 말이다(사실 벼락 명성은 존재한다. 다만 벼락 성공과 혼동하지 말라. 둘은 확연히 다르다).

•• 남편의 성기를 자른 사건으로 유명해졌다.

도널드 밀러는 엄청난 영향력을 지닌 책인 《무기가 되는 스토리》의 저자다. 또한 《재즈처럼 하나님은》 《온택트 마케팅》 그리고 최근에 발간된 《단순하게 만든 비즈니스Business Made Simple》를 비롯한 여러 베스트셀러를 집필했다. 그뿐 아니라 테네시주 내슈빌에 있는 마케팅 및 메시징 컨설팅 회사인 스토리브랜드의 CEO이자 〈스토리브랜드 구축하기Building a StoryBrand〉 팟캐스트의 공동 진행자이기도 하다(어쩌면 그가 회사 이름과 자신의 회사가 고객을 위해 하는 일을 반복해서 말하는 것은 일종의 암시일지도 모른다).

지금부터 그 교훈이 무엇인지 알아보자.

〈스토리브랜드 구축하기〉는 아이튠즈에서 상위 10위 안에 들어가는 마케팅 팟캐스트 중 하나다. 이 팟캐스트는 브랜드를 구축하고, 메시지를 명료하게 만들고, 매출을 늘리고자 하는 모든 업계의 모든 사람에게 엄청난 가치를 지닌다. 도널드는 모르겠지만 그는 내가 저술가, 강연가, 경력 코치로서 브랜드를 구축하는 데 우연하게 부분적인 영향을 끼쳤다.

나는 첫 책인 《실패한 경영에서 성공한 리더십으로》가 출간되었을 때 그의 팟캐스트에 운 좋게 게스트로 출연했다. 마침 도널드의 열렬한 추종자인 레이첼 홀리스가 그 인터뷰를 듣고 아마존에서 내 책을 샀다. 그리고 어떤 일이 생겼냐면, 그녀가 내 책을 들고 페이스북 라이브 방송을 했다. 덕분에 내 책의 판매량이 급증했다. 10분 후 나는 레이첼 홀리스가 보낸 링크드인 인메일을 받았다. 오스틴에 있는 자신의 사무실로 와서 자신 그리고 자신의 팀에게 리더십에 대한 통찰을 들려달라는 내용이었다. 몇 주 후 나는 사우스캐롤라이나주 찰스턴에서 열린 '라이즈 비즈니스' 행사에서 7,000명을 상대로 강연했다. 그 이후의 일은 굳이 말하지 않아도 알 것이다.

정말 대단한 일이다. 고마워요, 도널드. 고마워요, 레이첼. 두 분 그리고 두 분이 내게 제공한 발판을 절대 잊지 않을 겁니다.

그래서 약 6개월 후 나는 도널드 밀러를 프랭클린코비의 〈온 리더십〉 팟캐스트에 초대했다. 그와 나눈 대화는 매우 흥미로웠다. 나는 당시 CMO로서 우리 회사의 메시징 문제에 대해 듣고 배우는 데 몰입했다. 당신도 그 인터뷰를 들어볼 것을 권한다. 그는 해당 분야의 대가다.

도널드는 '1만 시간'을 통해 조직의 메시징 전략을 명료하게 하는 일의 전문가로서 추종자들을 만들었다. 이 일은 대개 당신 자신의 이야기에서 벗어나 다른 사람들이 자신의 모습을 볼 수 있는 이야기로 꾸준히 옮겨가는 (대부분의 사람에게는 어려운) 과정을 요구한다. 간단히 말해서 도널드는 어려움을 겪는 많은 기업이 훌륭한 인재와 탄탄한 사업 전략을 지니고 있지만, 자기 중심적인 메시징 때문에 고객이 애정을 가질 만한 브랜드를 구축하지 못한다고 가르친다. 그는 시대를 초월한 '영웅의 여정'* 이야기 형식을 따른다. 이를 통해 기업들이 "우리는 누구인가?" "우리 고객은 누구인가?" "어떻게 그들이 승리하도록 돕는 이야기로 그들을 끌어들일 수 있을까?"라는 질문을 발견하고 대답하도록 돕는다.

도널드는 우리와 가진 탁월한 메시징에 대한 인터뷰에서 아마도 그가 들려주었기 때문에 더

• 신화에 자주 등장하는 서사 구조. 영웅(캐릭터)이 난관에 직면하면 길잡이가 등장해 계획을 제공하고 행동을 촉구한다. 그 덕에 영웅은 실패를 피하고 성공을 거둔다.

잊기 힘든 사례를 들려준다. 이 이야기는 2016년에 도널드 트럼프와 힐러리 클린턴 그리고 거대 혜성(공정성을 기하기 위해 언론에서 본 후보를 적어도 한 명은 포함해야 한다) 사이에 벌어진 대선 경쟁에서 시작된다.

도널드 밀러는 2016년 대선을 돌아보면서 이렇게 말했다. "고객에게 도움이 된다는 단순한 메시지는 언제나 우리 브랜드가 이렇게 대단하다는 단순한 메시지를 이길 것입니다. 이렇게 마음가짐을 전환하려면 당신의 에고, 당신의 여정, 당신의 이야기, 당신의 이유에서 벗어나 고객의 에고, 고객의 여정, 고객의 이야기, 고객의 이유로 옮겨가야 합니다…. 모든 메시징과 마케팅의 핵심은 당신의 제품을 고객의 생존과 연계하는 것입니다. 또한 누구도 칼로리를 소모하지 않고 이해할 수 있는 단순하고 쉬운 언어로 그렇게 해야 합니다."

도널드(대선후보가 아님)는 전국을 돌아다니며 수천 명의 사람에게 "젭 부시는 미국을 이끌어서 무엇을 하고 싶어 합니까?"라고 물었다. 누구도 몰랐다. 그는 이야기를 나눈 어떤 사람에게서도 대답을 들은 적이 없었다. 그러나 "도널드 트럼프는 미국을 이끌어서 무엇을 하고 싶어 합니까?"라고 묻자 사람들은 "미국을 다시 위대하게 만들 것Make America Great Again"이라고 대답했다.

정치적 입장을 떠나서 도널드 밀러가 우리에게 말하고자 하는 바를 받아들여라. 거의 언제나 단순한 메시지가 복잡한

• 당시 한 여론조사에서 13퍼센트의 응답자가 두 사람이 대통령이 되는 것보다 거대 혜성이 지구에 충돌하는 쪽을 선택했다.

수천 명의 사람에게 "젭 부시는 미국을 이끌어서 무엇을 하고 싶어 합니까?"라고 물었다. 누구도 몰랐다. 그러나 "도널드 트럼프는 미국을 이끌어서 무엇을 하고 싶어 합니까?"라고 묻자 사람들은 "미국을 다시 위대하게 만들 것"이라고 대답했다. 거의 언제나 단순한 메시지가 복잡한 메시지를 이긴다.

메시지를 이긴다.

힐러리 클린턴은 미국을 이끌어서 무엇을 하고 싶어 했을까? 누구도 몰랐다. 그녀가 보내는 메시지는 "당신은 그녀의 편입니다"였다. 어쩌면 그게 아니라 "그녀는 당신의 편입니다"라고 했어야 했는지도 모른다. 그러면 적어도 고객(유권자)을 향해 메시지의 방향을 재설정할 수 있었다.

간단히 말해서 칼로리를 태우지 않는 메시지가 중요하다. 도널드 밀러는 도널드 트럼프가 2016년 대선에서 그렇게 한 반면 힐러리 클린턴은 그렇게 하지 않았다고 주장한다.

도널드나 내가 바로 그 이유만으로 트럼프가 당선된 것이라고 말하는 건 아니다. 하지만 그의 메시지가 도움이 된 건 확실하다. 도널드 밀러는 우리가 매일 3,000여 개의 마케팅 메시지에 폭격당한다고 밝힌다. 대부분의 메시지와 비슷하다면 당신의 메시지는 '풍경風磬 공장에서 고양이가 쥐를 쫓는 소리'(그야말로 의미 없는 소음) 같을 것이다. 이 장은 선거에서 이기기 위한 전략에 대한 것이 아니다. 그보다 메시지의 초점을 당신이 아닌 고객에게 맞춰야 한다는 혁신 통찰을 알리기 위한 것이다.

당신의 여정을 고객의 여정으로 바꾸는, 힘들고 심지어 고통스러운 작업을 시작하라. 고객이 당신의 메시지에서 자신의 모습을 보지 못하면 고객과 당신의 시간을 완전히 낭비하는 것이다. 너무나 많은 기업가와 마케팅 전문가가 자신의 여정과 밀접한 이야기를 하고 싶어 한다. 우리 할아버지가 사업을 시작한 이유, 우리가 연구개발에 투자하는 금액, 시장에 대한 우리의 고유한 접근법, 누구도 견줄 수 없는 우리의 전 세계적 영업망 같은 것들 말이다.

이런 것들은 영업 회의를 위해 아껴둬라. 요청하지 않으면 고객에게 들려주지 말라. 그 대신 고객이 당신의 메시지 속에서 자신의 모습을 볼 수 있게 하는 데 집중하라. 고객이 이해하고 공감할 수 있는 평이하고 단순한 언어로 그 메시지를 전달하라.

고객은 **당신이 당신의** 목적지에 안전하게 도달하는지에는 관심이 없다. **그들이 그들의** 목적지에 안전하게 도달하는 데 관심이 있을 뿐이다.

통찰

고객이 자신의 모습을 분명하게 보지 못하는 메시지는 사실 누구에게도 쓸모가 없다.

질문

반직관적으로 들릴지 모르겠지만 메시지를 만들 때 사업적 필요를 옆으로 제쳐두고 고객의 사업적 필요를 중심에 놓을 수 있는가?

24

효율성과 효과성 사이에서 균형 잡기

Balancing Efficiency
with Effectiveness

M. J. 피에브레   M. J. FIÈVRE

편집자이자 작가. 20대 초반에 미국으로 이주한 이후 배움에 대한 열정과 끊임없는 노력으로 미국에서 가장 빨리 성장하는 독립 출판사인 망고의 수석 편집자가 되었다. 프랑스어와 영어로 각각 8권씩 총 16권의 책을 썼고, 글쓰기를 통해 사람들이 트라우마를 직시하고 자신의 길을 찾으며 사회적 변화를 이끌어내도록 돕고 있다.

고도의 효율성을 발휘하는 것은 많은 경우 칭찬할 만하다. 그러나 그것만으로 마스터 멘토에 들어가는 수준으로 올라설 가능성은 낮다. 사실 효율성은 내가 잘 아는 주제다. 어쩌면 너무 잘 아는지도 모른다(그 이유는 잠시 후에 설명하겠다).

단순히 효율성을 발휘하는 수준을 넘어서는 사람들이 있다. 그들은 우리 회사의 창립자인 스티븐 R. 코비가 말한 고도의 **효과성**을 발휘한다. '엠 제이M.J.'라는 애칭으로 불리는 미셸 제시카 피에브레가 바로 그런 사람이다. 나는 엠 제이를 대단히 존경한다. 그래도 전 세계적으로 4,000만 부가 팔렸으며, 세계적인 리더십 기업의 동력인 책°의 모델로 호명되는 일이 본질적으로 어색할 수 있음을 안다.

○ 원제가 '고도의 효과성을 발휘하는 사람들의 7가지 습관'인 《성공하는 사람들의 7가지 습관》을 말한다.

엠 제이의 혁신 통찰은 그녀가 현재의 삶에서 효과성을 발휘하는 양상만이 아니라 살면서 지나온 인상적인 여정에서 비롯한다. 세인트바츠에 가본 적이 있는가? 안티구아는? 푸에르토리코나 미국령 또는 영국령 버진아일랜드는? 가본 적이 있다면 카리브해가 눈부시게 아름다우며, 휴양객과 별장 소유자, 인생의 황혼기에 접어든 사람들을 끌어모은다는 사실을 알 것이다. 이들 나라는 나를 포함하여 수백만 명의 관광객을 마법처럼 끌어당긴다. 심지어 내 경우는 방문할 때마다 원기를 회복시켜주는 것 같다. 나중에 내가 부와 명성을 얻으면(시간은 흘러가고 있고, 나는 53세다) 거기에 별장을 얻을 것이다. 그곳은 세상의 아름다운 일부이며,

가끔 자연재해를 당하는 와중에도 계속 번창한다.

그리고 아이티가 있다.

도미니카공화국과 함께 히스파니올라라는 섬을 공유하는 아이티는 한숨 돌릴 시간을 갖지 못하는 것 같다. 아이티 사람들은 수 세기에 걸쳐 폭군, 독재자, 부패한 대통령, 체제적 빈곤, 파괴적 지진 그리고 경제를 떠받칠 주요 천연자원의 부재에 시달렸다. 풍요로운 문화와 좋은 사람들이 사는 이 카리브해 국가는 서구에서 가장 가난한 곳으로 알려져 있기도 하다. 아이티 국민 중 글을 아는 사람의 비율은 대다수 이웃 국가의 90퍼센트보다 낮은 60퍼센트 수준이다. 아이티의 미래는 그 경로를 바꾸려는 많은 유명인과 전직 미국 대통령들의 노력에도 그다지 밝아 보이지 않는다. 아이티는 내가 말하는 성공의 트램펄린과 거리가 멀다. 그럼에도 미셸 제시카 피에브레는 이곳에서 출발하여 지금의 자리까지 왔다.

엠 제이와 그녀의 가족은 거의 모든 아이티의 이웃, 동창, 친구 들처럼 빈곤과 범죄, 절망에 둘러싸여 있었다. 그녀의 부모는 교육받은 전문가였다. 그러나 그녀는 자라는 동안 심한 학대에 시달렸다. 자세한 이야기는 하지 않겠다. 그저 그녀와 그녀의 자매들이 중학교에 들어가기 전에 반기를 들고 집을 나가기로 결심했다는 것만 말해두겠다.

엠 제이는 20대 초반에 미국으로 이주했다. 이후 지치지 않는 노력과 만족할 줄 모르는 배움에 대한 갈망으로 미국에서 가장 빨리 성장하는 독립 출판사인 망고의 수석 편집자가 되었다. 저술가이기도 한 그녀는 프랑스어와 영어로 각각 8권씩, 총 16권의 책을 썼다. 그녀는 여러 베스트셀러 덕분에 팟캐스트 출연과 강연 요청을 줄곧 받는다. 또한 4개 국어를 구사하며, 언어적 재능을 살려서 많은 책을 번역했다. 반면 나는 간단한 대화가 가능한 수준의 스페인어만 겨우 습득했다. 기회의 트램펄린이 사방에 널린 나라에서 태어났는데도 말이다!

엠 제이의 책은 여러 아마존닷컴 목록에서 꾸준히 1위로 데뷔했다. 당신도《끝내주는 흑인 여성 Badass Black Girl》《힘을 얻은 흑인 여성 Empowered Black Girl》《흑인이고, 용감하며, 아름다운 Black, Brave, Beautiful》을 비롯한 그녀의 책을 알지도 모른다. 그녀는 어린 시절에 수많은 책을 탐독한 덕분에 성공할 수 있었다고 말한다. 심지어 영어로 쓰인 책을 보고 영어를 독학했다. 나한테는 세 아들이 있다. 나는 우리 아이들과 그들의 피어나는 재능을 아낀다. 하지만 어떤 아이도 독서만으로 외국어를 독학하는 수준에는 이르지 못했다.

엠 제이는 12세 때《성공하는 사람들의 7가지 습관》을 접했다. 그녀는 이 책이 아마도 가족과 친구들은 인식하지 못하고, 같은 도시와 나라에 사는 사람들은 이해하지 못할 수준의 효과성을 추구하도록 영감을 불어넣었다고 말한다. 아직 읽어보지 못한 사람을 위해 아래에 그 내용을 간단하게 정리해두었다.

습관1 **삶을 주도한다.** 삶을 주도한다는 것은 적극적으로 나선다는 것 이상의 의미를 지닌다. 즉, 자신의 행동에 대해 환경이나 여건 또는 조건화conditioning를 탓하지 않는다.

습관2 **끝을 생각하며 시작한다.** 끝을 생각하며 시작한다는 것은 자신이 취하는 단계가 항상 올바른 방향으로 향하도록 목적지를 이해하고 머릿속에 그린다는 뜻이다.

습관3 **소중한 것을 먼저 한다.** 소중한 것을 먼저 한다는 것은 판단을 통해 습관1과 습관2에서 생기는 시급한 과제와 중요한 과제를 구분한다는 뜻이다.

습관4 **승-승을 생각한다.** 승-승을 생각한다는 것은 다른 사람을 상대할 때 공동의 혜택과 만족을 추구하도록 마음과 정신을 가다듬는다는 뜻이다.

습관5 **먼저 이해하고 다음에 이해시킨다.** 먼저 이해하고 다음에 이해시킨다는 것은 처방하기 전에 진단한다는 뜻이다. 즉, 다른 사람을 이해하기 위해 공감하는 마음으로 경청한다.

습관6 **시너지를 낸다.** 시너지를 낸다는 것은 '전체는 부분의 합보다 크다'라는 원칙을 받아들인다는 뜻이다. 그러기 위해서는 높은 수준의 신뢰와 협력을 달성하고, 서로의 차이를 인정해야 한다.

습관 7 **끊임없이 쇄신한다.** 끊임없이 쇄신한다는 것은 본성의 4가지 측면, 즉 육체적, 사회적·정서적, 정신적, 영적 자아를 훈련하고 재생한다는 뜻이다.

이들 습관을 종합적으로 따라 하면 고도의 효과성을 발휘할 수 있다. 그러나 '고도의 효과성을 발휘하는 사람들의 7가지 습관'을 '고도의 효율성을 발휘하는 7가지 습관'으로 잘못 말하는 사람이 많다. 단순히 효율적인 것과 유효한 것 사이에는 중요한 차이가 있다. 그것이 엠 제이가 이해하고 나와 소통할 때마다 예시하는 혁신 통찰이다.

이 대목에서 효율성의 전형인 스콧 제프리 밀러가 등장한다.

나는 자칭 효율성의 세계적인 모델이다. 간단히 말해서 나는 일을 해낸다. 실제로 일을 해내는 나의 성향은 내가 지금까지 이룬 모든 직업적 성공에 가장 크게 기여했다. 많은 사람에게 생산성으로도 알려진 나의 효율성은 좋든 나쁘든 나의 브랜드가 지닌 특징이다.

나는 엄청나게 부지런히 일한다. 또한 크게 구상하고 더 크게 달성하는 것을 좋아한다. 나는 대부분의 날에 새벽 4시에 일어나 〈인크닷컴〉 및 〈유타비즈니스〉에 연재하는 주간 칼럼이나 블로그 포스트, 기고문 또는 그 주에 홍보 담당자가 요청한 다른 글을 쓰기 시작한다. 그러면서 세계적인 리더십 팟 캐스트를 진행하며, 여러 고객을 위해 강연한다. 또한 잘나가는 경력 코칭 및 컨설팅 사업체를 보유하고 있다. 동시에 프랭클린코비의 사상 리더십 분야에 대한 선임 자문 위원으로 일하면서 10명의 팀원으로 구성된 팀을 이끈다. 그리고 매주 수많은 사람을 만나서 브랜드와 비즈니스, 기타 사안에 조언을 제공한다. 기본적으로 내게 연락만 하면 도와준다.

위의 목록에 '남편' '세 아들의 아빠' '동생' '아들' 그리고 '토요일에도 새벽 5시에 일어나는 짜증스러운 이웃'을 더하라. 나는 6시까지 샤워하고 옷을 입은 다음 동네 꽃집에서 꽃을 산다. 또한 7시까지 꽃을 심고, 8시 30분까지 잔디를 다듬고, 9시까지 세차하고, 한 시간 후에 테니스를 친다. 이 모든 일을 하는데도 이제 일과가 시작되었을 뿐이다! 빠르고 신속하게 과제를 하나씩 해치우고 다음 과제로 넘어간다. 일요일 일과는 토요일 일과가 느긋하게 보이는 수준이다.

피곤하지 않냐고? 나는 당신이 내 말을 믿도록 대다수 세부적인 내용을 생략했다. 나는 효율성의 기술을 터득한 대단히 생산적인 사람이다. 종종 어떤 주장이 진실인지 살피는 최고의 방법은 다른 주장과 대조하는 것이다. 하지만 손을 들어서 자발적으로 반례를 보이겠다고 나서는 사람이 없으므로 내 말을 더 들어주기 바란다.

이미 짐작했겠지만 나의 효율성은 역효과를 내는 경향이 있는 것 같다. '경향'이라는 말은 '예외 없이 확실하게' 역효과를 낸다는 뜻이다. 나의 과충전된 효율성은 대인관계에도 끼어든다. 나는 저녁을 먹은 후 주방을 청소하거나 이메일 수신함을 관리하는 것과 같은 방식으로 사람을 대한다. 그래서 결국 그 대가를 치른다. 안타까운 점은 주위 사람들 역시 대가를 치른다는 것이다. 대화, 회의, 영상회의, 성과 검토, 코칭을 서둘러 끝내다 보니 내가 자신의 말을 경청했거나, 이해했거나, 인정했다고 느끼는 사람이 드물다. 개인적으로 만났든, 직업적으로 만났든 모든 사람은 약간은 불안을 느꼈다. 내가 그들을 상대로 구축한 개인적 브랜드 때문이다. 그들이 보기에 나는 바쁜 사람이라서 빠르게 말하고, 시간을 낭비하지 않으며, 인간적 교류를 거의 기대하지 않는다. 간략하게 요점만 말하지 않으면 다음 일로 넘어가버린다. 이런 사실이 자랑스러운 건 아니지만 고통스러울 만큼 자각하고 있다. 놀랍게도 나의 최대 강점은 최대 약점이기도 하다.

스티븐 R. 코비 박사의 현명한 말에 따르면 "사람들을 대할 때는 빠른 것이 느린 것이고, 느린 것이 빠른 것이다." 사람들을 상대로 효율적일 수는 없다. 그런 방식은 통하지 않는다. 사람들을 상대할 때는 효과성을 기해야 한다. 깊이 신뢰하고 서로 혜택을 안기는 관계(모든 문화, 조직, 가족의 생명줄)를 맺고 싶다면 속도를 늦추는 것이 대단히 중요하다. 진정으로 효과성을 익히고 드러내려면 공감하는 마음으로 다른 사람의 고통이나 열정을 확인해야 한다. 나는 사람들을 대하면서 효율성을 따지려고 할 때 다음과 같은 질문으로 자신을 자제시킨다. "이 대화에서 어떤 모습을 보이고 싶은가?" "어떻게 기억되고 싶은가?" "어떻게 하면 자기를 대우하고 중시했다고 느끼게 할 수 있을까?" 효과성을 발휘한다는 건 이런 마음가짐을 갖는 것 말고도 전화기를 끄고, 노트북을 닫으며, 진실하고 성실하게 '귀를 기울이는 것'을 뜻한다.

> 나의 최대 강점은 최대 약점이기도 하다. 스티븐 R. 코비 박사의 현명한 말에 따르면 "사람들을 대할 때는 빠른 것이 느린 것이고, 느린 것이 빠른 것이다."

효율성을 기하려고 애쓰는 모습에서 알 수 있듯이 나는 사람을 대하는 나의 타고난 경향에 사로잡힐 때 효과성이 매우 떨어질 수 있다. 대인관계는 삶에서 실로 중요한 모든 것이다.

이 대목에서 효과성의 전형인 엠 제이 피에브레가 등장한다.

자세히 설명하기 전에 잠시라도 엠 제이가 효율성과 생산성이 부족하다고 생각하지 말라. 그녀를 소개한 앞부분을 다시 읽어보면 그녀가 편집자, 저술가, 팟캐스터, 강연가, 사업가, 배우자, 딸, 자매, 친구로서 효율성 측면까지 달성했다는 사실을 알 수 있다. 그녀는 누구보다 노동윤리가 강하다.

엠 제이의 남다른 면모는 같이 일하는 과정에서 드러난다. 그 경험은 차분하고, 즐겁고, 고무적이며, 심지어 위로가 되기도 한다. 그녀의 말투와 인내심, 경청 능력은 내게는 온 마음을 빼앗는 부러움의 대상이다. 그녀는 사람, 다양한 관점, 엄격한 논쟁을 실로 중시한다. 이런 태도를 아우른 결과 포용과 인정, 양질의 성과를 이끌어내는 리더십 스타일을 발휘한다. 또한 그녀는 내가 갈망하는, 진정으로 안전하고 우호적인 분위기를 만든다. 내가 믹서기의 '갈기' 버튼이라면 그녀는 '섞기' 버튼이다. 내가 세탁기의 '고속 세탁' 버튼이라면 그녀는 '섬세 세탁' 버튼이다.

엠 제이는 고도의 효율성을 포기하지 않고도 효과성을 발휘하는 기술을 터득했다. 그중 일부는 그녀의 천성일 수 있다. 그래도 나는 그것이 학습된 습관이라고 믿는다. 엠 제이는 협력이 필요치 않은 프로젝트, 과제, 프로그램에서는 의도적으로 효율성을 기한다. 마찬가지로 협력이 필요한 일에서는 신뢰, 관심, 공감, 인내, 이해를 베푼다. 또한 필요할 때 속도를 크게 늦추며, 그 결과 대화나 프로젝트에 참여한 사람들 사이에서 명료성을 높인다. 같이 일하는 사람들은 그녀가 자신의 말을 경청하고, 중시하며, 이해한다는 느낌을 받는다. 역설적인 점은 그래도 생산성이 떨어지는 게 아니라 오히려 높아진다는 것이다.

엠 제이처럼 고도의 효과성을 발휘하는 사람은 효율성과 효과성 사이의 균형을 맞추는 방법, 장소, 때에 대한 직관을 기른다. 이는 하룻밤 사이에 이뤄지지 않는다. 또한 많은 사람은 그 능력을 타고나지 않는다. 그래도 효율성과 효과성의 차이를 인식하면 누구나 엠 제이의 영향력을 복제할 수 있다.

엠 제이의 이야기에는 흥미로운 반전이 있다. 앞서 그녀가 아이티에 사는 12세 소녀이던 시절에《성공하는 사람들의 7가지 습관》을 처음 읽고 그 내용을 삶에서 실천하는 방법을 고민했다고 말했다. 그로부터 20여 년 후, 그녀는 망고 출판사에서 맡은 역할을 통해 프랭클린코비에서 펴내는《성공하는 사람들의 7가지 습관: 52주 실천 다이어리》의 편집을 맡아달라는 요청을 받았다. 30년 동안 프랭클린코비에서 일했으며, 현재 미디어 출판 그룹의 부사장인 애니 오즈월드가 책의 내용에 대한 열정을 품고 소개글을 쓸 사람으로 그녀를 선택했다. 또 다른 이유는 우리 회사에서 그녀를 모두가 따라야 할 바람직한 모범으로 보았기 때문이다. 이 일은 그녀가 우리 팟캐스트에 게스트로 출연하거나, 그녀를 마스터 멘토로 소개하는 이 책을 구상하기 오래전에 있었다. 크리올어*를 쓰던 아이티 출신의 소녀가 나중에 자신이 10대 초반에 읽었던 세계적인 베스트셀러의 영어 소개말을 쓰게 될 줄 누가 알았을까?

* 유럽 언어와, 서인도제도의 노예들이 쓰던 아프리카어의 혼성어.

나는 엠 제이가 그런 가능성을 배제하지 않았을 거라고 생각한다. 코비 박사가 살아서 자신의 책이 그녀와 다시 인연을 맺는 모습을 보았다면 아주 기뻐했을 것이다.

통찰 ────────────────────────────────◣

과제를 수행하는 효율성 같은 강점도 대인관계에서의 효과성과 연계되지
않으면 약점이 될 수 있다는 사실을 명심하라.

질문 ────────────────────────────────◣

대인관계를 과제 목록에 넣고 '갈기' 버튼을 누른 적이 있는가?

25

자신을 혁신하라

Disrupt Yourself

휘트니 존슨   WHITNEY JOHNSON

세계적인 컨설턴트, 팟캐스터, 강연가, 베스트셀러 저자. 싱커스 50 재단이 선정한 세계를 선도하는 50명의 비즈니스 사상가, 세계 최고의 경영 컨설턴트 마셜 골드스미스가 1만 6,000명의 응모자 가운데 선정한 15명의 최고 코치 중 하나다. 그녀의 링크드인 온라인 코스는 100만이 넘는 조회수를 기록했다. 저서로 《최강의 팀을 구축하라》와 《자신을 혁신하라》가 있다.

당신은 지금까지 내가 30명의 마스터 멘토 외에 다른 책과 동료, 조언을 언급했다는 사실을 인식했을 것이다. 그 이유는 내가 경력 전체에 걸쳐 다른 사람들로부터 풍부하고도 중요한 지혜와 조언을 얻은 덕분에 성공을 거둘 수 있었기 때문이다. 우리 팟캐스트에 출연하지 않았지만 내 삶에서 개인적 멘토가 되어준 사람들에 대해 보너스 장을 따로 쓸 수도 있다. 그들의 통찰은 내게 마찬가지로 변혁적이었다. 그중 한 명으로 이 책에서 여러 번 언급한 사람이 바로 주디 헨릭스다.

주디는 의사소통에 대한 임원들의 자문에 응한다. 그녀는 프랭클린코비에서 컨설턴트로서 대단히 성공적인 경력을 쌓은 후 세인트루이스 외곽에 있는 고향에서 꿈을 좇아 몬테소리 학교를 열었다. 지금도 내게 강연 기술에 대해 조언하며, 20년이 넘는 세월 동안 수많은 지혜로운 말을 들려주었다. 그중에는 이런 말도 있었다. "모든 사람의 경력에서 조직에 자신이 가진 것의 90퍼센트를 주고, 또한 조직이 줄 수 있는 것의 90퍼센트를 받는 때가 온다. 솔직히 어느 쪽이든 남은 10퍼센트는 굳이 얻으려고 노력할 가치가 없을지도 모른다." 나는 셀 수 없을 만큼 여러 번 이 지혜로운 말을 사람들에게 들려주었다.

내가 새로운 마스터 멘토인 휘트니 존슨을 소개하는 동안 이 말을 곱씹어보기 바란다.

휘트니는 베스트셀러 저자, 유명한 전략 자문 위원 겸 코치, 팟캐스터, 강연가를 포함하여 수많은 성취를 이뤘다. 그녀는 또한 싱커스 50 재단이 선정한 세계를 선도하는 50명의 비즈니스 사상가, 마셜 골드스미스가 1만 6,000명의 응모자 가운데 선정한 15명의 최고 코치 중 하나이기도 하다. 그녀가 쓴 책으로는 《최강의 팀을 구축하라Build an A-Team》와 《자신을 혁신하라Disrupt Yourself》가 있다. 이제는 알겠지만 나는 격언이나 금언 또는 경구를 좋아한다. 내가 가장 좋아하는 말 중 하나는 "행동의 주체가 되지 않으면 대상이 된다"이다.

이 생각이 《자신을 혁신하라》의 핵심이다. 휘트니는 우리가 직장생활을 통해 각 기업과 산업에 속한 최고의 혁신가들로부터 교훈을 얻을 수 있다고 주장한다. 우리는 직업적 삶에서 혁신을 이끌어야 한다. 그래야만 우리를 향해 줄기차게 다가와서 타의로 강제되는 불가피한 혁신을 피할 수 있다. 휘트니는 우리 경력을 일련의 사다리처럼 생각하라고 말한다. 우리는 하나의 사다리를 끝까지 오르고 나면 다음 사다리로 건너뛰어서 지속적으로 상승하기 위한 추진력을 얻는다. 나는 이 비유를 아주 좋아하며, 장기적인 경력의 궤도를 바라볼 때 대단히 중요한 사항이라고 생각한다.

자신의 경력을 스스로 이끌지 않는 사람이 너무나 많다. 그들은 경력을 운이나 다른 사람의 지시에 맡긴다. 나는 동료 임원에게서 가장 우울하면서도 의욕을 자극하는 말을 들었다. 바로 "당신은 당신의 경력이 결정되는 자리에 결코 참석할 수 없다"라는 말이다. 이 말은 서글프지만 너무나 많은 사람에게 사실이다. 외부의 힘에 혁신당하기 전에 자신을 혁신

한다는 것이 휘트니가 열정적으로 말하는 중요한 개념인 이유가 거기에 있다. 당연히 자신을 혁신한다는 말은 개인적 환경에 따라 사람마다 다른 전략을 취한다는 뜻이다.

나는 우리가 직업적으로 가려운 곳을 긁어야 할 때마다 일을 그만둬야 한다고 생각할 만큼 순진하지 않다. 또한 전혀 생각지도 못하다가 일자리를 잃은 동료도 많다. 그들은 그것을 대단히 감정적으로 받아들이며, 자존감과 자신감을 완전히 잃어버린다. 당신이 절대 잊지 말아야 할 부가적 팁이 있다. 당신의 일은 경력의 일부일 뿐 삶이 아니다. 나는 경력에 대해 여러 권의 책을 쓰고, 나의 웹사이트에서 경력 코칭 시리즈를 진행하며, 라디오와 팟캐스트 인터뷰에서 경력 전략에 대해 자주 말한다. 하지만 내 경력이 삶에서 작은 자리를 차지해야 한다는 사실을 아주 잘 안다. 경력은 목적을 위한 수단일 뿐 결코 목적이 아니다. 당신의 삶이 얼마나 경력에 집중되어 있는지 살펴보고 반드시 필요한 만큼 조절하라.

그러면 자기혁신이 필요하다는 사실을 어떻게 알 수 있을까? 그 답은 휘트니가 말한 혁신의 S자 곡선에 있다. 1960년대에 처음 형성된 이 이론은 제품이 얼마나 소비자에게 빨리 수용되는지 설명한다. 롤러코스터처럼 오른쪽으로 약간 기울어진 커다란 S자 곡선을 머릿속으로 그려보라. 모든 경력은 좌측 하단에서 출발하여 S자 곡선을 따라 이동한다. 어떤 새로운 직위든 초기에는 학습 속도가 느린 것처럼 느껴질 수 있다(그림 2 참조).

그림 2 학습의 S자 곡선

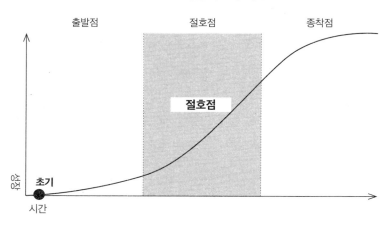

그러다가 6개월 정도 지나면 능력에 대한 자신감이 생긴다. 이 단계 이후에는(아마도 2, 3년차) S자 곡선의 천장으로 올라서서 더 이상 어려움을 겪는 일이 없어진다(그림 3 참조). 심지어 지적으로 약간 게을러질 수도 있다. 휘트니가 말한 '학습의 기분 상승 효과'를 더는 경험하지 않기 때문이다.

이 시점이 되면 많은 사람은 낮은 성과를 낸다. 심지어 스스로 자신의 직업적 사망에 기여하고 있다는 사실도 깨닫지 못한다. 솔직히 말하면 그들은 일이 지루해진다. 이제는 새로운 S자 곡선의 바닥으로 이동해 직업적 여정을 새로운 국면으로 이어가야 할 때다. 하지만 이런 사실을 인정하거나 심지어 인식하는 사람조차 드물다. 그래서 결국 인사과를 비롯한 여러 외부의 힘에 혁신당한다. 최고재무책임자가 당신의 자

그림 3 학습의 S자 곡선

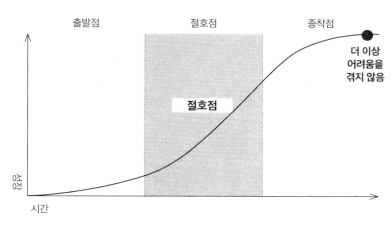

리를 비용 절감 수단 중 하나로 눈여겨보고 있기 때문이다.

행동의 주체가 되지 않으면 대상이 된다.

자기혁신을 시도할 때가 되었다는 명확한 징후가 무엇인지 살펴보자. 휘트니는 모든 자리의 사람이 약 3년차가 되면 인식하든 못 하든 들썩이기 시작한다고 말한다. 다만 어떤 사람은 그 기간이 4년에서 6년 정도로 더 길다. 이런 이정표에 도달했다고 해서 무조건 일을 그만둬야 하는 건 아니다. 여전히 적극적으로 일하면서 배우고 있다면 아직은 다음 단계로 넘어갈 때가 아니다. 사람마다 상황이 다르다. 잠깐 시간을 갖고 당신이 지나온 경력의 여정을 돌아보면서 이 말이 가슴에 와닿는지 보라.

이 통찰은 프랭클린코비에서 내가 지나온 경력의 여정을

여실히 말해준다. 지금까지 나는 25년 동안 프랭클린코비에서 발전을 이뤘다. 엄밀히 말해 나는 53세로서 X세대에 속한다. 이만큼 긴 근무 기간은 우리 세대에서는 드물다. 우리 세대의 근무 기간과 조직에 대한 충성도는 이전 세대인 베이비붐 세대나 전통주의자보다는 확실히 적다(나의 아버지는 32년 동안 한 회사에서 일했다. 혁신당해서 잘리기 전까지 말이다).

> 모든 자리에서 약 3년차가 되면 인식하든 못하든 들썩이기 시작한다. 다만 이런 이정표에 도달했다고 해서 무조건 일을 그만둬야 하는 건 아니다. 여전히 적극적으로 일하면서 배우고 있다면 아직은 다음 단계로 넘어갈 때가 아니다.

근래의 조사에 따르면 Y세대나 Z세대는 근무 기간이 훨씬 짧다. 가장 긴 경우는 한 자리나 직업에서 36개월 동안 일하며, 평균적으로는 18개월에서 24개월 가까이 일한다. 직장에 오래 머무는 능력의 세대별 차이를 비판하려는 게 아니다. 단지 있는 그대로를 파악하려는 것뿐이다. 기분이 나쁘거나 동의하지 않는가? 현 세대의 이력서와 다른 세대의 이력서를 100장 정도 비교해보라. 아마 생각이 달라질 것이다. 앞으로는 근무 기간이 더 짧아질 것이다. 선택지가 더 풍부할 뿐 아니라 필요한 교육에 대한 인식도 크게 혁신되고 있기 때문이다. 공유경제를 생각해보라. 이는 미래의 경력과 관련하여 완전히 새로운 세계가 될 것이다.

나는 지난 25년 동안 프랭클린코비에서 상이한 8개 자리를 드나드는 특혜를 누렸다. 계산해보면 내가 자리마다 평균 3년이 적당하다는 휘트니의 통찰에 거의 맞게 일했다는 사실을 알 수 있다. 모든 조직이 프랭클린코비처럼 인재를 채용하고 유지할 수 있는 것은 아니다. 하지만 이는 리더로서 생각해봐야 할 통찰이다. 당신의 회사는 당신의 능력을 살리는가? 직원들이 전반적인 경력의 여정에서 더 많은 단계를 사내에서 거칠 수 있는 문화를 창출하는가? 많은 조직과 기업은 여러 측면에서 고용유지율을 핵심 지표로 삼는다. 나는 모든 리더의 능력을 이 척도로 판단해야 한다고 생각한다.

자신을 혁신하기 위해서는 엄청난 용기가 필요하다. 그래도 내가 깨달은 바에 따르면 적극적으로 일하고 회사에 만족하는 직장인은 자기혁신의 전문가가 된다. 내가 개인적으로 그 점을 증명할 수 있다.

통찰 ⎿

경력의 여정에서 자신이 어디에 있는지, 외부의 힘이나 다른 사람에게 불가피하게 혁신당하기 전에 자신을 혁신할 때가 언제인지 과감하게 파악하라.

질문 ⎿

당신은 3년 주기의 어느 시기에 있는가? 자신을 혁신하고 다음 사다리가 사라지기 전에 건너갈 자신감과 능력이 있는가? 제대로 착지할 수 있을 만큼의 유효성과 가치를 지니기 위해 개발해야 할 기술이 있는가?

26

능력의 관점을 취하라

The Power Perspective

트렌트 셸턴　　　　　TRENT SHELTON

전 미식축구 선수이자 동기부여 연사. 비지명 자유계약선수로 여러 팀에서 뛰었다 방출당하기를 반복했다. 프로 경력은 그다지 성공적이지 못했지만, 부상과 기복은 그에게 새로운 길을 열어주었다. 2011년 교회 행사에서의 연설을 계기로 사람들에게 내면의 힘을 찾도록 돕는 유튜브 동영상을 만들기 시작했고, 현재 5,000만 명의 팔로워를 거느린 인플루언서로 세계 곳곳에서 강연하고 있다.

야구, 농구, 미식축구. 무슨 종목이든 상관없었다. 트렌트 셸턴은 그저 프로선수가 되고 싶을 뿐이었다. 그것이 어린 시절부터 품었던 꿈이었다. 그는 인디애나폴리스 콜츠의 와이드 리시버로서 그 꿈을 이루었다. 그리고 시애틀 시호크스에서도 거의 뛸 뻔했다(자세한 이야기는 나중에 들려주겠다).

　트렌트는 《최고의 당신 The Greatest You》과 《직설적 조언 Straight Up》을 비롯한 여러 권의 책을 썼다. 두 책은 모두 그가 지나온 인생 여정과 그를 유명하게 만든 마음가짐, 감옥의 관점을 능력의 관점으로 바꾸는 방법을 생생하고 솔직하게 담아낸다. 그는 콘퍼런스와 행사에서 자주 강연한다. 또한 아마도 5,000만 명의 팔로워를 거느린 대표적인 소셜미디어 유명인으로 가장 잘 알려져 있을 것이다. 그의 〈온 리더십〉 인터뷰는 대단히 흥미로웠다. 그래서 최대한 그의 이야기를 재현하는 데 이 장을 할애할 생각이다. 이 내용은 많은 사람에게 심대한 영향을 끼칠 것이다.

　트렌트가 정말로 좋아하는 종목은 야구였지만 그는 미식축구에 더 재능이 있었다. 그래서 텍사스에 있는 베일러대학교에 미식축구 특기생으로 입학했다. 대학 미식축구에서 두드러진 활약을 펼친 그는 1차 선발에서(적어도 4라운드나 5라운드에) 프로팀에 지명될 거라고 확신했다. 하지만 그런 일은 일어나지 않았다. 그 대신 그는 비지명 자유계약선수로 콜츠와 1년 동안 계약했다가 방출당했다(미식축구 용어에 익숙하지 않은 사람을 위해 설명하자면 해고되었다). 뒤이어 워싱턴 레드스킨스(현재는 워싱턴 풋볼 팀)에서 조금 뛰다가 NFL을 떠난 후에는 아레나 풋볼 리그의 털사 탤런스에서 뛰었다. 그는 콜츠와 레드스킨스 사이에 시애틀 시호크스에서 연습생practice squad으로 뛸 때 진정한 통찰을 얻었다. 그것은 꿈을 이룬 것과 같은 일이었다. 그 후 어떻게 되었는지는, 구체적으로 시호크스에서 어떤 시간을 보냈는지는 트렌트 본인의 말로 들어보는 것이 좋겠다(출판을 위해 조금 편집함). 킴 스콧이 구글에서 보낸 시간에 할애한 장처럼 아래에 〈온 리더십〉 인터뷰 내용을 일부 옮긴다. 아마 당신도 나처럼 가치 있는 내용이라고 생각할 것이다.

스콧 밀러 오늘 모신 이유 중 하나는 우리가 하나의 열정을 공유하고 있기 때문입니다. 바로 취약한 모습을 드러내는 일의 힘에 대한 열정이죠. 제가 가진 최고의 자질 가운데 하나가 고생하고 고전했던 이야기를 터놓고 이야기하고, 다른 사람들도 그렇게 하도록 돕는 것이라고 생각합니다. 당신의 책은 그런 내용으로 가득합니다. 첫 장에 하루는 인디애나폴리스 콜츠의 경기장에 있다가 다음 날 부모의 집에서 얹혀 살게 된 이야기가 나옵니다. 또한 시호크스에 들어갔다가 바로 나온 이야기도 나오죠. 시호크스에 입단하려고 공항으로 향하던 때의 이야기를 다시 들려주시겠습니까, 어떤 일이 생겼나요?

트렌트 셸턴 어이없는 일이었어요. 지금은 그냥 웃어넘기지만 말이죠. 2008년이었어요. 그때 저는 연습생으로 시호크스에 들어가서 시애틀에 살고 있었어요. NFL은 일단 그 뜻이 '오래 버티지 못한다Not For Long'라는 거예요. 또한 하나의 비즈니스이자 숫자 게임이기도 하죠. 그래서 팀이 다른 선수를 영입하려고 당신을 방출하기도 해요. 다치기도 하고요. 온갖 일이 일어나요. 많은 변수가 작용하죠. 그해에 저는 두 번이나 방출당했어요. 하지만 그 기간이 일주일 정도밖에 되지 않았어요. 그래서 시애틀에 그냥 있으면 다음 주에 다시 불러줄 거라고 판단했어요. 팀에서 저를 정말 좋아했거든요. 하지만 이번에는 영원히 방출된 것 같았어요.

결국 고향인 텍사스로 돌아갔어요. 그 일이 일어났을 때 저는 사실 댈러스에 있었어요. 댈러스·포트워스 지역은 2개의 분리된 도시로 되어 있어요. 저는 댈러스에 있었고, 우리 집은 포트워스에 있었어요. 그때 지역번호가 206인 번호로 전화가 걸려왔어요. 시애틀 지역 번호였어요. 받아보니 팀에서 저를 다시 영입하고 싶다는 거예요. 아주 기뻤죠. 바로 페이스북으로 모두에게 시애틀로 돌아간다고 알렸어요. 부모님과 친구들에게 문자를 보내고 있는데 다시 전화가 왔어요. 팀 관계자였어요. 오늘 밤에 돌아오면 좋겠다고 하더군요. 댈러스에서 밤 비행기가 있었어요. 문제는 제 짐이 모두 포트워스에 있다는 거였죠.

이야기를 더 들어보니 그는 "어떻게 오는지는 신경 쓰지 않아요. 집에 가서 옷만 몇 벌 가방에 넣어서 공항으로 가요"라고 말했어요. 저는 전화를 끊고 저녁 자리를 빠져나와서 서둘러 집으로 갔

어요. 작은 여행 가방에 몇 가지 짐을 넣었죠. '마침내 다시 기회
가 생겼어. 최대한 이 기회를 살릴 거야'라고 생각하며 엄청나게
들떠 있었어요.

행복한 마음으로 공항까지 차를 몰고 가서 주차장에 세우고 차
에서 나왔어요. 곧 체크인을 하려던 참이었어요. 터미널로 걸어
가고 있는데 다시 전화가 왔어요. 지역번호가 206번이었는데 뒷
자리는 달랐어요. 그래서 "누구시죠?"라고 물었어요. 다른 관계
자인 것 같았어요.

전화를 건 사람은 "트렌트 씨인가요?"라고 물었어요.

저는 "네"라고 대답했죠.

"혹시 텍사스를 떠났나요? 시애틀 시호크스 인사부예요. 벌써 떠
났어요?"

저는 "아뇨. 아직 떠나지는 않았어요. 무슨 일이죠?"라고 물어봤
지요.

그 사람은 "떠나지 말아요. 생각이 바뀌었어요"라고 말했어요.
당연히 실제로는 조금 더 정중하게 말했죠. 하지만 핵심은 그거
였어요. 그 순간이 제게는 최악이었어요. 미식축구가 더 이상 좋
지 않았어요. 모든 걸 잃은 기분이었어요. 기회가 왔다고 생각했
고, 너무나 들떠 있던 상태에서 모든 게 물거품이 되었으니까요.
저는 다시 부모님 집으로 돌아갔어요. 그때 정말로 우울한 상태
가 어떤 건지, 감정을 억누르고 현실에서 도망치는 게 어떤 건지
알았어요. NFL에서 경력을 쌓으며 보낸 저의 모든 여정이 끝장
나는 지점이었어요.

스콧 밀러 그때 일에 대해 풀어놓을 게 많을 것 같아요. 평생의 목표가 NFL 선수가 되는 거였잖아요. 그래서 콜츠에 들어간 거고요. 이후 시호크스에 다시 들어갔지만 몇 번이나 방출당하는 게 어떤 기분일지 저는 상상할 수 없네요. 그러다가 팀에 복귀하라는 전화를 받아서 저녁을 먹다 말고 짐을 싸서 공항으로 가셨죠. 꿈이 실현되는 것 같았을 거예요. 감정적·지성적·육체적 측면에서 천당과 지옥을 오간 거죠. 그런 일을 겪으면서 어떤 교훈을 얻으셨나요? 이제는 지나간 일을 돌아보면서 다른 사람들이 비슷한 감정적 변화에 대처하는 데 도움이 될 교훈이 있을까요?

트렌트 셸턴 가장 먼저 떠오르는 생각은 '현재의 상황이 마지막 종착지는 아니다'라는 거예요. 폭풍에 휘말리고 있을 때는 이런 사실을 알기 어려워요. 제가 깨달음을 얻은 건 그 순간에 저 자신에게 말해야 했기 때문이에요. 이제 어떤 문은 확실히 닫혔지만 더 나은 문이 곧 열릴 거라고요. 그런 순간에, 문들이 닫혔을 때 선택해야 해요. 이 장이 이야기의 끝이 되게 놔둘지 아니면 '이건 아냐. 공정하지 않아. 어떻게 하면 이 위기를 극복할 수 있을까?'라고 생각할지 말이죠.

관점은 능력이 될 수도 있고, 감옥이 될 수도 있어요. 아주 단순한 문제예요. 그 순간 능력의 관점은 "이번에는 일이 잘 안 풀렸어. 그래도 나중에 더 좋은 일이 생길지 몰라. 그저 내가 노력할 수 있는 일은 노력하고, 그럴 수 없는 일은 잘되기를 기도할 수밖에"라고 말해요. 감옥의 관점은 "내 인생은 끝났어"라고 한탄해요. 다른 일에 노력을 기울일 생각을 하지 않죠. 그 순간 저는 약간 감옥의 관점을 취하고 있었어요. 그러다가 겨우 정신을 차렸어요. 제 아들이 제게 의지하고 있다는 걸 알았으니까요. 그저 넋 놓고 있을 수만은 없었어요. 뭐라도 해야 했어요.

> 문들이 닫혔을 때 선택해야 해요. 이 장이 이야기의 끝이 되게 놔둘지 아니면 '이건 아냐. 공정하지 않아. 어떻게 하면 이 위기를 극복할 수 있을까?'라고 생각할지 말이죠.

이 말을 기억하라고 말씀드리고 싶어요. 나쁜 장이 있다고 해서 당신의 이야기가 잘 끝날 수 없는 건 아니에요. 언제나 삶에는 다음 장이 있다는 사실을 알아야 해요. 힘든 상황에도 적응하겠다는 의지를 가져야 해요. 과거의 장에서 교훈을 얻고 "내 삶의 다음 장을 더 낫게 만들기 위해 할 수 있는 모든 일을 할 거야"라고 말할 의지를 가져야 해요.

우리는 모두 개인적·직업적 삶에서 능력의 관점과 감옥의 관점 사이의 선택에 직면한다. 트렌트를 마스터 멘토로 만든 것은 NFL 하이라이트로 가득한 삶의 책이 아니다. 그는 삶을 무너뜨리는 실망의 장에서 다른 사람들을 가르치고, 북돋고, 고양하는 장으로 넘어갔다. 그는 감옥이 아니라 능력을 선택했다. 그는 우리 모두에게 같은 일을 하자고 손을 내민다.

통찰 ⎯⎯⎯⎯⎯⎯⎯⎯⎯⎯⎯⎯⎯⎯⎯⎯⎯⎯⎯⎯⎯⎯⎯⎯◢

외부의 상황이나 영향이 통제할 수 없는 수준으로 변화할 때 감정적·지성적 민첩성을 활용하여 신중하게 대응 방식을 선택하라.

질문 ⎯⎯⎯⎯⎯⎯⎯⎯⎯⎯⎯⎯⎯⎯⎯⎯⎯⎯⎯⎯⎯⎯⎯⎯◢

삶에서 (불가피하게) 실망이나 충족되지 않은 기대 또는 노골적인 침해에 직면했을 때 책장을 넘길 수 있는가?

27

우수한 결과를 대량생산하라

Prolific Quality Output

브렌든 버처드 — BRENDON BURCHARD

세계에서 가장 인정받는 성과 코치이자 가장 많은 수강생을 보유한 자기계발 트레이너. 지금껏 수백만 명이 넘는 사람이 그의 강의를 수강했고, 그가 제작한 자기계발 유튜브 영상의 조회수는 1억 회가 넘는다. 하이퍼포먼스 연구소와 하이퍼포먼스 아카데미를 설립해 사람들의 성취와 자기계발을 돕고 있다. 저서로 《백만장자 메신저》 《식스 해빗》 등이 있다.

모든 세대에는 영감을 주는 게임 체인저들이 있다. 자기계발 분야는 방대하며, 나름의 추종자와 팬층을 거느린 유능하고 카리스마 있는 인플루언서들이 기나긴 명단을 이룬다. 그러나 책 판매량이든, 소셜미디어 플랫폼의 규모든, 직업 및 교육 관련 경험이든 기준을 높이면 그 명단이 줄어든다. 책을 읽지 못했거나, 유튜브 채널을 구독하지 않았거나, 당신이 속한 업계나 회사의 연례 콘퍼런스에서 무대에 올라 강연하는 모습을 보지 못했어도 이름을 아는지 여부를 따지면 그 명단은 더욱 줄어든다.

뒤이어 그 명단을 추가로 줄일 수 있다.

그러면 소수의 사람만 남는다. 이 집단은 수십 년에 걸쳐 지혜롭다는 평판을 얻으면서 위상을 확립했다. 그들은 종종 각자가 몰두하며, 공부와 연구에 경력을 바친 단일 주제로 유명해진다. 그들은 이해를 바탕으로 이야기하기 때문에 영향력을 얻었다. 그들은 자신의 브랜드를 구축하기 위해 개성이나 카리스마 또는 소셜미디어에 의존하지 않는다. 그렇다고 해서 소셜 플랫폼의 가치나 영향력을 폄하하는 것은 아니다. 단지 소셜 플랫폼을 활용하여 동력을 만들거나 유지하려는 사람들이 있을 뿐이다.

마지막까지 남은 드문 집단에는 켄 블랜차드, 오프라 윈프리, 마커스 버킹엄, 브레네 브라운, 켄 로빈슨 경, 스펜서 존슨, 셰릴 샌드버그, 스티븐 R. 코비 박사, 하이럼 스미스, 존 맥스웰 같은 사람이 들어간다. 어떤 사람은 토니 로빈스, 리즈 와이즈먼, 잭 캔필드, 킴 스콧을 추가한다. 어느 쪽이든 이 명망 높은 사상 리더 집단은 세계적으로 알려진 영향력을 지닌다.

이 집단에 억지로 들어갈 수는 없다. 노력해서 입장권을 얻어야 한다.

브렌든 버처드처럼 말이다.

브렌든은 세계를 선도하는 고성과 코치이자 《백만장자 메신저》와 《식스 해빗》을 비롯한 수많은 책의 저자다. 그의 책들은 〈뉴욕타임스〉 〈USA 투데이〉 〈월스트리트저널〉의 베스트셀러 1위를 기록했다. 또한 그의 자기계발 영상은 1억 회 이상의 시청 횟수를 기록했다. 그는 페이스북에서 가장 많은 팔로워를 둔 상위 100명의 공인에 들어간 것부터 유튜브에서 가장 많은 시청자를 둔 자기계발 프로그램을 진행한 것까지 수많은 영예를 얻었다. 오프라는 그를 "역사상 가장 성공한 온라인 트레이너 중 한 명"이라고 일컬었다. 아마 거의 200만 명이 그의 강의를 듣기 때문일 것이다.

브렌든은 그런 평가를 받을 만하다. 그는 내가 말하는 '한 단어 이름 보유자'의 위상으로 올라섰다. 셰어, 마돈나, 오프라, 프린스처럼 말이다. 브렌든이 당신의 레이더에 나타나는 모습을 주시하라. 그러면 그의 영향력과, 그가 결국에는 '한 단어 이름 보유자' 클럽에 들어가는 걸 보게 될 것이다. 인내심을 가져라. 그의 웹사이트부터가 브렌든닷컴brendon.com이다. 나는 그의 에이전트가 아니다. 그냥 그의 왕성한 활동과 기여가 마스터 멘토로 소개할 만하다고 생각할 뿐이다.

브렌든이 최근에 펴낸《식스 해빗》은 탁월한 책이다. 인터뷰에서 그는 책을 쓰는 데 3년이 걸렸으며, 책에서 다루는 습관을 뒷받침하거나 부정하는 자료를 조사하는 데 100만 달러 이상을 투자했다고 밝혔다.《식스 해빗》은 수많은 가치 있는 통찰을 담고 있다. 또한 간략하게 소개할 만한 6가지 습관을 제시한다. 책에서 먼저 다루는 3가지 습관은 소위 '개인적 습관'이다. 명확성을 추구한다, 활기를 창출한다, 필요성을 높인다가 거기에 해당한다. 나머지 3가지 습관은 '사회적 습관'이다. 생산성을 높인다, 영향력을 키운다, 용기를 드러낸다가 거기에 해당한다. 그의 책과 인터뷰에 담긴 모든 인상적인 내용 중에서 내게 가장 변혁적이었던 것은 '우수한 결과의 대량생산Prolific Quality Output', 즉 'PQO'라는 개념이다.

브렌든은 오랜 성공 방정식에 대한 불만을 이렇게 표출한다. "열심히 일하고, 열정을 갖고, 강점에 초점을 맞추고, 많이 연습하고, 끈기를 발휘하고, 감사하는 마음을 가지라는 등 너무나 많은 방정식이 개인적 성과와 초기의 성공을 추구한다…. 하지만 특정한 목표를 이뤄낸 후에는 어떻게 될까? 목표하던 학위를 받고, 원하던 직업을 갖고, 바라고 꿈꾸던 일을 시작하고, 전문가가 되고, 바라던 수준의 자본을 모으고, 사랑을 이루고, 특정 능력을 얻은 후에는 어떻게 될까? 월드클래스가 되거나, 더 큰 기여를 하거나, 세상에 커다란 족적을 남기고 싶을 때는 어떤 것이 도움이 될까?"[1]

그 부분적인 해결책은 우수한 결과의 대량생산에 초점을 맞추는 것이다. 이는 이름만으로 알 수 있는 상당히 자명한 통찰처럼 보인다. 그래도 조금 설명을 하겠다. 브렌든이 말하는 것은 "더 많은 것이 더 나은 게 아니라, 더 나은 것이 더 낫다"라는 원칙이다. 《식스 해빗》에서 가장 가치 있는 구절 중 하나에는 이런 내용이 나온다. "고성과자들은 우수한 결과의 대량생산PQO 기술을 터득했다. 그들은 장기간에 걸쳐 동료보다 양질의 성과를 더 많이 생산한다. 그것이 그들이 보다 효과적이고, 보다 유명하며, 보다 잘 기억되는 비결이다. 그들은 PQO를 향해 주의와 줄기찬 노력을 기울이며, 자신의 일에서 한눈을 팔게 하는 모든 주의 분산 요소(기회 포함)를 최소화한다."[2]

브렌든은 계속해서 이메일과 우리가 타당하게 정당화하는 다른 프로젝트를 포함한 모든 주의 분산 요소를 언급한다. 또한 일련의 직업과 함께 블로거, 영업인, 그래픽디자이너, 학자, 컵케이크 가게 주인의 PQO가 어떤 양상일지 사례를 나열한다.

뒤이어 브렌든은 자신에게로 조명을 돌리면서 인상적인 고백을 털어놓는다. 그는 유수의 컨설팅 회사를 그만둔 과정을 자세히 설명한다. 어떤 것에서 도망친 일인 동시

> 브렌든이 말하는 것은 "더 많은 것이 더 나은 게 아니라, 더 나은 것이 더 낫다"라는 원칙이다.

에 어떤 것으로 도망친 일이었다. 그는 저술가, 강연가, 온라인 트레이너로서 경력을 구축하기로 마음먹었다. 하지만 어떻게 시작해야 할지 몰랐다. 그래서 어떤 결과물이 자신과 미래의 청중에게 실로 중요할지 파악하지 못한 채 1년 동안 헤맸다. 브렌든은 혼자서 사업을 일구거나 부업을 시작한 적이 있는 사람은 모두가 공감할 수 있는 난관에 대해 말한다.

어느 날 브렌든은 카페에 앉아 있다가 깨달음을 얻었다. 자신이 많은 사람처럼 활동과 생산성을 혼동하고 있다는 깨달음이었다. 그래서 그는 자신의 PQO를 글로 옮겼다. 그는 저술이 핵심 PQO가 되어야 한다고 판단했다. 사람들에게 실질적인 가치를 안기는 인정받는 저술가가 되려면 PQO의 대상은 책이어야 했다. 이 깨달음 덕분에 브렌든은 지금까지 6권의 책을 썼다. 또한 강연가이자 온라인 트레이너라는 두 번째와 세 번째 목표에서도 성공했다. 그는 각각 구체적인 시한 및 측정 가능한 성과와 함께 3가지 범주에 대한 목표를 적었다. 그리고 모든 상충하는 주의 분산 요소와 유혹적인 기회를 거부하면서 집착에 가까울 만큼 각 영역에서 치열하게 노력했다.

브렌든은 자신의 경력에서 얻은 성과는 자신이 딱히 특별하거나 재능이 뛰어나서가 아니라(실은 그렇다) 자신에게 가장 중요한 각각의 PQO에 초점을 맞췄기 때문이라고 말한다. 뒤이어 그는 '**지속적으로, 장기간에 걸쳐** 집착적인 주의와 헌신'을 기울였다. 그는 매주 60퍼센트의 시간을 집필과 온라인 콘텐츠 제작에, 나머지 40퍼센트의 시간을 전략과 경영, 고객 대응, 소셜미디어 관리 등 모두 직간접적으로 앞선 과제를 뒷받침하는 일에 쓴다.

PQO를 파악한다는 브렌든의 개념은 나를 사로잡았다. 나 또한 개인적으로 사업을 시작했고, 최고로 영향력이 큰 활동에 나답지 않게 몰두해야 하기 때문이다. 그래야만 1년 후에 상황을 둘러보면서 추진력이 생기지 않는 것에 좌절하지 않을 수 있다.

시간은 계속 흘러가고 있다. 당신의 PQO는 무엇인가?

통찰 ㅡㅡㅡㅡㅡㅡㅡㅡㅡㅡㅡㅡㅡㅡㅡㅡㅡㅡㅡㅡ◢

우리는 수나 **양**에 따른 척도의 함정에 빠지기 쉽다. 성공적이고 영향력 있는 사람이 지닌 남다른 측면은 반드시 필요한 소수의 일에 줄기차게 집중하여 달성하는 성과의 **질**이다.

질문 ㅡㅡㅡㅡㅡㅡㅡㅡㅡㅡㅡㅡㅡㅡㅡㅡㅡㅡㅡㅡ◢

에고를 충족하는 기회와 주의 분산 요소를 자제력으로 거부할 수 있는가? 그 대신 당신의 브랜드를 바꿀 수 있는 PQO에 집중할 수 있는가?

28

과감하게 중단하라

Pulling the Plug

스티븐 M. R. 코비   STEPHEN M. R. COVEY

세계적인 리더십 전문기업 코비링크의 공동 창립자. 아버지 스티븐 R. 코비가 창립한 코비리더십센터의 CEO를 역임해 매출은 200퍼센트, 수익은 2,000퍼센트 증대시킨 뛰어난 경영자다. 경영과 신뢰에 대한 새로운 패러다임을 제시한 그의 책 《신뢰의 속도》는 22개 언어로 번역되어 2,000만 부 이상 판매되었다. 인기 있는 강연자로서 전 세계 40여 개국을 순회하며 열정적으로 강연을 펼치고 있다.

나는 겨우 20대 중반이었지만 꿈이 있었다. 아주 상세한 꿈이었다. 로마에서 젤라토 아이스크림을 마음껏 먹고, 친퀘테레의 화려한 해안도로를 스쿠터로 달리고, 나폴리 레스토랑에서 피자와 와인을 주문하는 꿈. 정말 멋지지 않은가? 내가 할 일은 포상 휴가를 받는 우수 성과자 모임인 '프레지던트 클럽'에 들어가서 3,000달러의 여행 상품권을 받는 것이었다. 회사는 나의 영업 포트폴리오에 포함될 새로운 상품을 곧 전 세계에 출시할 예정이었다. 덕분에 나의 첫 이탈리아 여행이 가시권에 들어왔다.

하지만 그 일은 일어나지 않았다.

회사 입장에서는 단순하면서도 고민스러운 선택만이 남았다. 바로 새로운 상품, 즉 많은 기대를 받고 있는 〈리더십의 4가지 역할〉 워크숍의 출시를 중단하거나 CEO의 품질 기준을 충족하지 못하는 상품을 그냥 내보내는 것이었다. 이 상품의 성공이 회사의 브랜드와 성공에 대단히 중요하다는 사실이 결정을 더욱 어렵게 했다. 게다가 새로운 솔루션을 판매하고 진행하는 데 수입이 좌우되는 직원도 많았다.

더욱 중요한 사실은 수백 개의 고객 회사가 이미 새로운 상품을 홍보하고 등록하는 중이라는 것이었다. 이런 상황에서 출시를 늦추면 여러 방면에서 고통을 초래할 수 있었다. 다행히 당시 CEO는 스콧 밀러가 아니라 스티븐 M. R. 코비였다. 덕분에 나는 일을 중단할 수 있는 용기에 대해 강력한 교훈을 얻었다. 그것이 이 장의 혁신 통찰이다.

　나는 1996년에 프랭클린코비의 전신인 코비리더십센터에 입사했다. CEO인 스티븐 M. R. 코비는 스티븐 R. 코비 박사의 아들이었다. 그는 베스트셀러 저자이자 조직적·개인적 신뢰라는 주제에 대한 명망 높은 전문가 및 강연가로 세상에 이름을 알리기 오래전부터 사업을 운영하고 있었다. 그의 첫 책인 《신뢰의 속도》는 그를 세계적으로 주목받는 저술가로 만들었다. 그의 콘텐츠 중 다수는 높은 신뢰를 받는 리더의 13가지 행동에 중점을 둔다. 출시를 중단한 그의 결정은 그중에서 있는 그대로 이야기한다, 잘못된 것을 바로잡는다, 의리를 보인다, 성과를 낸다, 현실을 직시한다, 기대를 명확하게 밝힌다, 책임의식을 실천한다와 같은 다수의 행동에 해당한다.

　나는 당시 영업 수당을 받는 일선 영업 담당이었다. 회사는 새로운 대표 상품인 〈리더십의 4가지 역할〉을 개발하는 데 거의 2년의 시간을 들였다. 나는 모든 기존 고객과 잠재 고객에게 연락하여 새로운 리더십 솔루션을 홍보하며 사전 판매를 최대한 많이 했다. 내 목표는 초반에 탄탄한 실적을 올리는 데 기여하면서 토스카나의 햇빛을 즐긴다는 꿈을 이루는 것이었다.

　그런데 전 세계적 출시가 이뤄지기 직전에 회사 전체에 충격과 불안을 안기는 일이 벌어졌다. 스티븐이 출시를 중단시킨 것이다. 그 결과 사내에서 연쇄적인 파장이 일어나기 시작했다. 영업 직원들은 불만을 터트렸고, 일당을 받는 컨설턴트들은 갑자기 보수를 청구할 시간이 사라졌다. 또한 회사의 평판이 타격을 입었고, 매출도 하락했다. 사실상 모든 영업 직원이 전화기에 매달려서 기대하고 있던 고객에게 고통스러운 사실을 알려야 했다. 결국 화산재에 묻힌 폼페이처럼 이탈리아 여행이라는 내 꿈은 재로 변하고 말았다.

당시에는 충분히 인정하지 않았지만 심각한 여파에도 굴하지 않고 출시를 중단시키려면 진정한 용기가 필요했다. 스티븐은 새로운 상품이 무게감과 도구 그리고 우리 브랜드의 토대가 되는 삶과 경력을 바꿀 통찰이 부족하다고 판단했다.

8개월 후, 개선된 솔루션이 전 세계적으로 출시되었다. 〈리더십의 4가지 역할〉 워크숍은 10년 넘게 지속되면서 수천 개의 조직과 기업, 대학이 받아들이는 지배적인 리더십 개발 솔루션이 되었다. 스티븐의 본능은 옳았다. 단기적 고통은 상품의 엄청난 성공에 가려서 곧 잊혔다.

장기적으로 보면, 나중에 세계적인 수준에 오르는 제품이나 서비스의 출시가 지연되는 데 따른 불편과 단절은 대체로 잊힌다. 다만 출시를 중단하려면 비범한 용기와 규율, 관심이 필요하다. 당신이 기준을 높인다고 해서 시장에서 퇴출당하는 경우는 드물다. 반면 온통 겉치레뿐이고 실속 없는 제품을 내놓는다면 대가를 치를 각오를 해야 한다.

나는 근래에 프랭클린코비의 사상 리더십 담당 수석 부사장으로 일하면서 스티븐의 교훈을 활용했다. 수석 부사장으로서 나의 책임 영역 중 하나는 도서 홍보 및 발행이다. 이 일은 수천만 명의 독자가 우리 회사와 브랜드 경험에 대해 갖는 의견과 인상을 좌우한다. 당시 출간 작업을 이끄는 매우 유능한 출판팀이 우리 브랜드를 정의할 책의 마감을 앞두고 있었다. 그들은 마감을 맞추기 위해 맹렬하게 일했다. 실제로 마감을 어기는 일은 심각한 문제였으며, 주

> 장기적으로 보면, 나중에 세계적인 수준에 오르는 제품이나 서비스의 출시가 지연되는 데 따른 불편과 단절은 대체로 잊힌다. 다만 출시를 중단하려면 비범한 용기와 규율, 관심이 필요하다.

요 출판사와의 관계와 회사의 평판을 손상할 수 있었다.

나는 마감 전 주말 동안 원고를 검토할 계획이었다. 처음에는 10여 군데만 조금 손보면 될 줄 알았다(나는 전년 동안 간접적으로 콘텐츠 개발에 관여했다). 그래서 금요일 저녁에 원고를 들고 식탁에 앉았다. 하지만 겨우 세 쪽을 읽었을 뿐인데도 걱정이 들기 시작했다. 서두가 마음에 들지 않았다. 솔직히 말하면 싫었다. 그래도 계속 읽어나갔다. 1장도 대부분 마음에 들지 않았다. 2장도 마찬가지였다. 나는 검토를 중단하고 작업에 참여한 두어 명에게 문자를 보내 의견을 물었다. 그들의 피드백도 고무적이지 않았다.

나는 다시 원고를 들고 계속 읽다가 결국 포기했다. 저자들과 지원팀의 전문성과 필력에도 불구하고 대폭 개선이 필요했다. 다음 날 나는 모두를 불러모아 폭탄선언을 했다. 출판팀

을 칭찬하자면 그들은 나의 비평에 동의했을 뿐 아니라 한 달 동안 매주 50~60시간씩 영웅적으로 일하면서 책 전체를 재구성하고 재편집했다. (그들에 비해 미미한) 나의 기여는 280쪽을 전부 다시 읽고 줄마다 제안을 덧붙인 것과 매일 새벽 5시에 열리는 줌 회의에 참석하여 편집할 부분에 대해 토론한 것이었다.

저자들이 오로지 집필에 집중하는 동안 나는 다른 동료와 함께 출판사에 연락해서 죄를 고했다. 우리는 90분 동안 어떻게 제 발로 궁지에 들어가게 되었는지 고통스럽게 설명했다. 이 일은 절대 잊지 못할 것이다. 통화가 길고 난처했기 때문이 아니라 출판사가 투명하게 모든 것을 공개한 우리 태도를 높이 평가했기 때문이다. 나는 그것을 '패를 보여주는' 대화라고 말한다. 출판사는 관대하게 마감을 연장해주었다. 하지만 나는 그런 통화를 다시는 하고 싶지 않았다.

30일 후 우리는 개선한 원고를 전달했다. 책을 출판할 준비가 되지 않았다는 사실을 알게 된 결정적인 순간에 나는 어떻게 대처해야 할지 난감했다. 그래도 다행히 25년 전에 스티븐이 전해준 교훈이 떠올랐다. 그의 가르침은 내가 비슷한 '중단 시험'에 직면할 수 있도록 준비시켜주었다. 이는 당신도 조만간 직면할 시험이다.

당신에게 찾아올 중단의 순간은 마감 시한이나 그 밖의 시간이 정해진 일과 관련이 없을지도 모른다. 또한 매몰비용 계산, 품질 결함, 심지어 개인적 편견 및 '행복 회로'를 벗어난 영역에서 나타날지도 모른다. 어쩌면 누군가가 특정한 직무를 너무 오래 했거나, 같은 맥락에서 한 조직에서 너무 오래 일했을 때만 나타날 수도 있다. 상황이 어떻든 일을 중단하려면 도덕성이 필요하다. 그렇다고 해서 다른 사람은 도덕성이 부족하며, 당신이 원칙을 지키는 수호자로서 급히 달려가서 세상을 구해야 한다는 말은 아니다. 다만 일을 중단하려면 적극적으로 나서서 결정에 대한 **책임을 져야** 한다. 이 결정은 종종 어느 정도의 고통과 단절을 초래한다. 스티븐 M. R. 코비는 마스터 멘토로서 내게 최고의 리더는 일을 중단하는 게 옳은 때에 결단을 내린다는 것을 보여주었다. 설령 그것이 대중적 정서나 동력 또는 시급한 기한을 거스른다고 해도 말이다.

그건 그렇고, 나의 이탈리아 여행은 어떻게 되었을까? 1년 후 나는 세 친구와 함께 비용이 전액 지불된 여행을 떠났다. 이는 대부분 내가 새로운 상품으로 성공적인 영업 실적을 올린 덕분이었다. 분명 나는 한 번 이상 스티븐의 이름을 말하며 프로세코 와인이 담긴 잔을 들었을 것이다.

통찰

중요한 선택의 순간에 '흐릿한 시야를 극복하고 도덕성을 발휘하려면 장기적인 승리를 위해 지금 일을 중단할 줄 알아야 한다.

질문

개인적·직업적 측면에서 앞으로 맞이할 일들을 살펴보자. 확신을 갖고 나아갈지 또는 잠시 멈춰서 기회를 재평가하고 어쩌면 중단할지 적극적으로 판단해야 하는 것은 무엇인가?

29

파워포인트 병을 치유하라

The PowerPoint Plague

낸시 두아르테

NANCY DUARTE

의사소통 및 프레젠테이션 관련 전문가. 그녀의 이름을 딴 회사 두아르테를 세우고 실리콘 밸리 기반의 의사소통 전문가로 활동하고 있다. 〈포천〉 500대 기업 중 200여 곳과 함께 일했고, 30년 동안 다수의 기업과 조직을 위해 프레젠테이션 컨설팅을 수행했다. 미국 전직 부통령 앨 고어의 기후변화 프레젠테이션 〈불편한 진실〉에 참여했고 여러 번의 테드 강연을 했다.

나는 치료되었다!

의사나 기적은 필요 없었다.

나를 고쳐준 사람은 낸시 두아르테였다.

무슨 병을 고쳤냐고? 파워포인트 전염병, 키노트Keynote 증후군, 프레지Prezi 중독이라면 어떤가? 사실 나는 사람들을 불행하게 만드는 프로그램들로부터 구조되었다.

낸시 두아르테는 실로 대단하다. 여러 베스트셀러의 저자인 그녀는 시각적 커뮤니케이션의 세계를 변화시켰다. 그녀는 다른 마스터 멘토인 캐런 딜론처럼 〈하버드 비즈니스 리뷰〉에서 펴낸 《하버드 비즈니스 리뷰 가이드 3: 경쟁력을 높이는 프레젠테이션》을 썼다. 이 책은 탁월하다. 하지만 엘튼 존에게 바티칸에서 열리는 성 금요일 미사에서 피아노를 연주해달라고 요청하는 것 같은 느낌이 든다. 재능은 뛰어나지만 장소가 틀렸다는 것이다. 낸시가 쓴 《하버드 비즈니스 리뷰 가이드》는 탁월하다. 그러나 그녀가 진정한 천재성을 발휘한 책은 《슬라이드올로지》 《공감으로 소통하라》 그리고 근래에 펴낸 《데이터 스토리》다. 그녀의 테드 강연은 눈길을 사로잡는다(그 속에 담긴 의미를 흡수하기 위해 계속 보게 된다). 그녀의 커뮤니케이션 회사는 여러 조직 및 리더를 위해 메시지와 커뮤니케이션 전략을 완벽하게 다듬어주는 것으로 세계적인 명성을 얻었다.

내가 낸시와 두아르테에서 일하는 그녀의 팀에게 줄 수 있는 최고의 찬사는 프랭클린코비가 고객이라는 것이다. 우리의 CEO 겸 의장인 밥 휘트먼은 《공감으로 소통하라》에 매료되었다. 그래서 오랫동안 여러 프로젝트를 낸시에게 맡기자고 제안했다. 밥 휘트먼은 그녀에게 A⁺를 주었다.

간단히 말해서 낸시는 덕후이자 데이터광이고 너드nerd다. 그러면서도 엄청나게 재미있으며, 전염성 강한 열의와 긍정적인 성격을 지녔다. 역설적으로 들리는가? 맞다. 그래서 그녀가 더 영향력을 발휘하는 것 같다. 그녀는 다국어를 구사한다. 네덜란드어나 러시아어, 포르투갈어를 말하는 게 아니다. CFO, CEO, COO, CMO 그리고 사업부 리더와 모든 수준의 구매자 및 판매자가 쓰는 비즈니스 언어를 말한다. 또한 창업자, 설립자, 1인 사업가, 부업을 하는 사람뿐 아니라 그들의 현재, 과거, 미래의 고객들이 쓰는 비즈니스 언어를 말한다.

한마디로 그녀는 거의 만능이다. 사실 두 마디이기는 하지만 '거의'라는 수식어로 그녀에게 약간의 여지를 줘야 한다.

낸시는 어떤 단어로 자신을 표현할지 궁금하다. 아마도 '수학자'라고 하지 않을까?

혼란스러운가? 그녀의 책을 읽어보라. 데이터와 정보가 그녀의 창의성과 조언을 이끄는 양상에 감탄할 것이다. 나는 낸시 같은 사람을 만난 적이 없다.

이 정도면 팬이라고 말해도 될까?

먹고살려고 프레젠테이션을 하는 사람(사실 대부분의 사람이 해당된다)을 위해 낸시의 혁신 통찰에 대해 이야기해보자. 다만 이 통찰은 단어나 몸짓, 손짓, 시선 처리보다(물론 그녀는 이런 부분도 도와줄 수 있다) 메시지를 뒷받침하고, 명확하게 제시하고, 제대로 전달하기 위해 세심하게 이미지를 고르는 방법에 더 초점을 맞춘다. 그리고 이때 수백만 명의 직장인은 대개 마이크로소프트의 파워포인트로 메시지를 전달한다.

이는 마이크로소프트의 공동 창업자인 빌 게이츠가 130,000,000,000달러가 넘는 재산을 갖게 된 여러 이유 중 하나다. 0이 몇 개인지 헷갈린다면 1,300억 달러다. 1980년대에 파워포인트를 만든 로버트 개스킨스와 데니스 오스틴을 욕하려는 건 아니지만 나는 파워포인트가 게으른 직장인의 목발과 같다고 생각한다. 그들은 말로 하는 스토리텔링 기술을 터득하기 위해 노력을 기울일 의지가 없다.

표현이 가혹하다고? 맞다. 내 말을 더 들어보라.

낸시와 두아르테에서 일하는 그녀의 팀은 내게 효과적인 프레젠테이션을 만들고 전달하는 방법뿐 아니라 '영웅의 여정', 모든 이야기의 수학적 구조, 주인공과 악당이 맡는 역할, '현실과 가능성'의 개념을 이해하는 방법을 가르쳐주었다.

프레젠테이션 프로그램은 필요할 때 뛰어난 도구가 될 수 있다. 필요하다면 말이다. 문제는 우리가 그것을 목발로 쓰는 경향이 있다는 것이다. 낸시는 내게 '슬라이드 덱'을 만드는 일이 모든 커뮤니케이션 전략의 마지막 부분이라는 것을 가르쳐주었다. 안타깝게도 대다수 사람은 거기서 출발한다. 모든 산업 콘퍼런스의 조별 토의? 연례 주주총회? 회사의 연례 영업 회의? CFO와의 예산 회의? 이 모든 경우에 우리는 파워포인트를 열고 어딘가의 누군가가 쓰라고 디자인한 빈 슬라이드 양식을 띄운다. 그러나 우리가 해야 할 일은 "청중은 누구인가?" "그들의 공통점은 무엇인가?" "그들이 알아야 할 것은 무엇인가?" "그들의 어떤 행동을 바꾸고 싶은가?" 같은 근본적인 질문을 던지는 것이다.

이게 기초적인 내용이라는 것은 나도 안다. 그래도 우리가 종종 중요한 프레젠테이션을 준비할 때 슬라이드 디자인부터 시작한다는 사실을 재차 강조하고 싶다. 우리는 결코 컴퓨터 화면에서 시선을 떼고 '슬라이드가 필요할까? 그렇다면 몇 장이나 필요할까? 다른 시각 자료가 더 나을까? 카드 덱이나 유인물, 동영상, 포스터, 배너는 어떨까?'라고 자문하지 않는다. 또는 최고의 질문, 즉 힘이 있고, 신뢰할 수 있고, 아는 것이 많은 사람으로서 스토리텔링 기술을 통해 현실과 가능성에 대한 내러티브를 그려낼 능력이 있는지에 대한 질문을 자신에게 던지지 않는다.

슬라이드 덱이 만약 필요하더라도, 그것은 모든 프레젠테이션을 준비할 때 첫 부분이 아니라 마지막 부분이 되어야 한다.

나는 천주교 신자다(글의 흐름이 참 자연스럽지 않은가?). 온 세상이 이 사실을 아는 이유는 내가 인생 여정의 일부로 자주 이야기했기 때문이다. 때로는 너그럽게, 때로는 덜 너그럽게. 모든 천주교 신자가 아는 대로 미사 때 강론 시간이 있다. 이는 모든 미사의 핵심 부분이다. 신부님은 신약 4복음서(마태복

> 슬라이드 덱이 만약 필요하더라도, 그것은 모든 프레젠테이션을 준비할 때 첫 부분이 아니라 마지막 부분이 되어야 한다.

음, 마가복음, 누가복음, 요한복음)의 한 구절을 읽은 다음 강론을 한다. 다른 종교에서는 설교라고도 한다. 강론은 언제나 미리 정해진 그날의 봉독을 기반으로 삼으며, 흔히 독서대라고 하는(엄밀히 따지면 차이가 있지만 아마 따지고 싶지 않을 것이다) 제단의 강독대에서 이뤄진다. 강론 내용을 쪽지에 적은 다음 그대로 읽는 신부님도 있고, 참고할 내용만 적는 신부님도 있으며, 아예 쪽지 없이 즉흥적으로 강론하는 신부님도 있다. 또한 원래는 강독대에서 강론해야 하지만 이를 무시하고 신도들에게 가까이 다가가서 하는 신부님도 있다.

나는 규칙을 존중한다. 하지만 신부님이 (적어도 강론 시간 동안) 규칙을 깨는 것을 아주 좋아한다. 신부님이 가까이 다가와서 강론하면 소통과 공감(신부님과 신자들 사이에서 개선할 여지가 있다고 모두가 동의하는 부문)의 수준이 확연히 달라진다. 종교를 믿고 예배에 참석한 적이 있다면 내가 무슨 말을 하는지 잘 알 것이다.

어떤 자리든 마음에서 우러나오는 말을 하는 것이 성공의 방정식이다. 세무감사를 받을 때는 예외지만 그건 다른 얘기다.

내가 파워포인트를 더 이상 쓰지 않는 이유가 거기에 있다.

실제로 지난 2년 동안 120번의 강연을 했지만 슬라이드 덱을 쓴 적은 세 번뿐이다. 그것도 고객의 요구로 어쩔 수 없이 썼다. 그런 경우에도 **최대** 3, 4장으로 제한한다.

지금까지 워비WOBI(월드오브비즈니스아이디어)라는 단체가 진행하는 세계비즈니스포럼을 두어 번 언급했다. 이 책에 소개된 많은 마스터 멘토가 이 행사에서 프레젠테이션을 했다. 내 생각에 세계비즈니스포럼은 미국의 유수 비즈니스 콘퍼런스다. 저술가, 비즈니스 거물, 은퇴했지만 여전히 영향력 있는 정치·군사 부문의 리더가 그곳에 참석한다.

어느 해에는 〈포천〉 50대 기술 기업의 CEO로서 누구나 다 아는 사람이 강연을 했다. 나는 그녀의 경력을 크게 존경했기 때문에 강연을 특별히 기대하고 있었다. 강연은 강연자가 연단에서 하는 경우도 있고, 크리스 스탠리가 사회를 보는 가운데 앉아서 질의응답 형태로 진행하는 경우도 있다. 가끔은 강연자가 무대 중앙에 서거나 청중석까지 내려와서 강연하는 경우도 있다. 아마 강연자가 편하게 여기고 선호하는 형식으로 하는 모양이다.

이 CEO는 높은 기대 속에 무대에 섰다.

하지만 그녀의 강연은 엄청나게 실망스러웠다.

대단한 업적을 쌓고 많은 교육을 받은 그녀는 귀중한 45분이라는 시간 동안 수많은 슬라이드 속으로 우리를 행진시켰다. 다른 죽음의 행진*에 실례가 되지 않는다면 나는 그것을 죽음의 행진

• 전쟁 포로, 죄수 등을 가혹하게 장거리 행군시키는 일.

이라 부르겠다. 청중은 수십 장의 슬라이드를 견뎌냈다. 슬라
이드가 없었다면 그녀의 강연은 훨씬 나았을 것이다. 큰 무대
에서 프레젠테이션을 해본 사람은 알겠지만 그런 경우 흔히
'안심 모니터'나 '자신감 모니터' 또는 '무대 앞 모니터'라는
것이 제공된다. 이는 침실에 놓는 텔레비전 크기의 화면으로
서 대개 현재 청중에게 보이는 슬라이드, 다음에 보일 슬라이
드, 시간을 맞출 수 있게 해주는(행사 프로듀서가 정말로 중시하는
유일한 요건) 너무나 중요한 카운트다운 시계, 이 3가지를 보여
준다.

   45분에 걸친 그녀의 강연에서 유일하게 기억나는 것은 유
명한 비즈니스 리더인 그녀가 안심 모니터에 뜬 슬라이드와
슬라이드 리모콘을 내려다보면서 완전히 슬라이드 덱에 얽매
인 모습이었다. 이것이 다소 가혹한 평가인 줄은 안다. 하지만
나는 그녀가 아주 똑똑하다는 사실을 아는데도 그녀에 대한
모든 신뢰를 잃었다. 나는 그녀가 그냥 슬라이드 덱을 버리고
회사의 성공에 대한 놀라운 이야기를 직접 들려주기를 조용
히 빌었다.

   그녀가 어떻게 프레젠테이션을 준비했는지는 상상이 간
다. 그녀는 거대한 다국적기업을 이끌면서 끊임없이 일에 시
달린다. 게다가 워비 행사에서 할 강연이 다가오고 있다. 그래
서 두어 주 전에 커뮤니케이션팀을 불러서 (드럼 소리를 좀 넣어
주시길) 슬라이드 덱을 만들기 시작한다. 그다음 며칠 동안 두
어 번 커뮤니케이션팀을 만나서 내용을 강화한다(길이를 늘린

다는 뜻이다). 어쩌면 그녀는 전날 낮이나 밤에 회사 강당에서 예행연습을 했을 수도 있다. 심지어 그날 밤(또는 당일 아침) 호텔 방에 앉아서 모든 슬라이드에 담긴 각각의 요점을 훑었을지도 모른다. 정말로 47개의 요점을 45분 만에 전달할 수 있을까?

그럴 수 없다.

그날 나는 강연 레퍼토리에서 슬라이드 덱을 퇴출했다. 영원히. **억지로** 써야 하는 경우가 아니라면 말이다. 심지어 그런 경우도 한 손으로 꼽을 수 있다.

슬라이드 덱은 그만 만들어라. 파워포인트 전염병을 막을 예방접종을 하고 마음에서 우러나오는 말을 하라. 보조재가 필요 없을 정도로 내용을 확실하게 숙지하라. 드물게 시각 자료가 당신의 요점을 훨씬 새롭게 청중에게 전달하는 때가 있다. 그런 경우 낸시는 모두가 영원히 기억할 만큼 대단히 멋진 시각 자료를 만들어야 한다고 주장한다. 꼭 슬라이드 덱(실로 목발에 불과한)을 만들어야 한다면 처음이 아니라 마지막에 만들어라.

통찰

파워포인트가 문제가 아니다. 시각 자료가 문제가 아니다. 사실 이 둘은 인상적인 비전을 나누는 데 상당히 유용한 경우가 많다. 문제는 슬라이드 덱이 프레젠테이션의 구성요소일 때 그것을 언제 만드느냐 하는 것이다.

먼저 '현실과 가능성'이라는 틀을 토대로 대화의 구조를 설계하라. 그다음 혹시 필요하다면 요점을 잘 전달하기 위해 어떤 시각 자료를 만들어야 할지 판단하라.

질문

슬라이드 덱이라는 목발이 필요 없을 만큼 당신이 말하려는 주제를 확실하게 숙지하고, 스토리텔링 기술로 생명력을 불어넣는 데 필요한 대가를 치를 의지가 있는가?

30

당신의 이야기를 들어라

Knowing Your Story

에릭 바커   ERIC BARKER

안정적인 커리어와는 먼 길을 밟아오며 수없이 들어온 성공의 법칙이 통하지 않는 예외를 무수히 목격하고 진짜 성공에 대한 탐구를 시작했다. 또한 우리가 일반적으로 믿어온 성공법칙이 왜 대부분 틀렸는지 연구와 수치를 바탕으로 검증했고, 블로그를 개설해 그 내용을 담은 칼럼을 연재했다. 〈뉴욕타임스〉 〈월스트리트저널〉 〈타임〉 등 수많은 언론이 그의 연구를 주목했다.

베스트셀러를 만드는 공식은 복잡하며, 항상 진화한다. 사람들이 읽거나 듣고 싶어 할 만한 가치 있는 책을 쓰는 일을 넘어서 확실한 발매 계획을 세워야 한다. 거기에는 적극적인 소셜미디어 참여, 북 투어(현장 및 가상), 홍보, 가능한 모든 팟캐스트 출연(말 그대로 수백 개), 쉼 없는 라디오와 텔레비전 인터뷰가 포함된다. 또한 모든 고등학교와 대학교 친구들이 당신의 책을 홍보해줘야 하고, 모든 동료와 친구들도 홍보를 포함해 당신이 생각할 수 있는 다른 모든 일을 해줘야 한다. 인상적인 제목과 '매력적'인 표지를 만드는 것도 도움이 된다. 매력적이라 함은 서점에 진열할 때만이 아니라 인터넷 사이트에 섬네일 이미지로 올릴 때도 보기 좋아야 한다는 뜻이다. 현재 모든 책의 80퍼센트에서 90퍼센트는 온라인 유통업체를 통해 팔리기 때문이다. 나는 동네 서점을 좋아하고, 매주 세 아들을 데려간다. 하지만 도서 구매의 미래에 대해서는 현실을 받아들여야 한다. 이제 거의 모든 것은 디지털이다.

역대 최고의 표지 디자인을 가진 책 중 하나는 마리 폴레오의 《믿음의 마법》이다. 그녀의 책과 〈온 리더십〉 인터뷰는 모두 대단히 인상적이다. 그래서 《거인들의 인생 법칙》 2권에서 그녀를 다룰 예정이다.

한편 내가 접한 최고의 책 제목 중 하나는 에릭 바커의 《헛다리 짚기Barking Up the Wrong Tree》*다. 나는 재치 있는 제목 외에도 그의 책과 팟캐스트 인터뷰를 속속들이 즐겼다. 사실 나는 참여하는

• 한국어판 제목은 《세상에서 가장 발칙한 성공 법칙》이며, 원제는 저자의 성Barker이 지닌 의미를 비튼 것이다.

거의 모든 팟캐스트에서 그의 책이 지닌 힘을 언급한다. 에릭 바커는 책에서 성공을 이루는 일에 대한 많은 속설과 민담의 오류를 파헤친다. 좋은 사람은 손해를 본다거나, 일찍 일어나는 새가 벌레를 잡는다거나 하는 것 등이 거기에 포함된다. 그는 많은 사람이 특정한 생각이나 삶의 원칙을 믿는 양상과 이유를 실로 흥미롭게 살핀다. 그리고 그중 대부분이 틀렸거나 심지어 노골적인 거짓임을 증명한다. 그는 기술, 능력, 기여 등 자신과 관련하여 믿고 있는 거짓과 속설을 깨부수자고 권장한다.

당신이 믿었고, 얽매여서 살았던 자신에 대한 거짓은 무엇인가? 달리 말하자면 이렇다.

"누군가가 좋은 또는 별로 좋지 않은 의도로 사실이라는 믿음을 심어주었지만 더 이상은 사실이 아닌 자신에 대한 믿음은 무엇인가?"

어떤가?

이는 내 생각에 대부분의 사람이 고민한 적 없는 흥미로운 질문이다. 사실 이 장을 여기서 마무리할 수도 있다. 하지만 조금 더 이야기를 해야 할 것 같다. 사각팬티와 거품기가 나오는 이야기 말이다.

우리는 주간 리더십 팟캐스트를 시작한 초기에 모든 새로운 팟캐스트가 그렇듯이 높은 가치를 지닌 게스트를 찾았다. 요즘은 에이전트, 홍보대행사, 출연 희망자의 출연 요청이 물밀 듯이 들어오고 있어서 섭외 기간이 줄어들었다. 방송 초기의 어느 날 나는 유명 배우이자 프로듀서인 비올라 데이비스와의 인터뷰를 준비하고 있었다. 맞다, 아카데미상과 에미상뿐 아니라 토니상을 두 번이나 받은 그 비올라 데이비스다. 나는 자료를 조사하다가 브레네 브라운의 책에서 그녀에 대한 구절을 우연히 접했다. 비올라가 자신의 성장 과정을 말하는 내용이었다. 그녀는 많은 사람이 극빈하다고 말할 환경에서 자랐다. 어린 시절에는 학교에서 집으로 돌아왔을 때 불이 켜질지, 수도가 나올지 몰랐다. 어떤 날은 물과 전기가 끊겼다. 그러면 씻지 못한 상태로 등교해야 했다. 그런 그녀에게 다른 아이들이 어떤 반응을 보이고, 어떻게 대했을지 상상이 간다. 그녀에게 그것은 부끄럽고 초라해진 기분이 들고, 심지어 뻔뻔한 태도를 갖게 하는 경험이었다.

성인이 된 후 비올라는 배우가 되어 할리우드로 이사했다. 친구들은 그녀에게 철면피가 되어야 한다고 말했다. 나도 나의 삶과 관련하여 이 말에 공감할 수 있다. 나는 비판을 견디는 수단으로 일부러 철면피가 되었다. 아마 나처럼 공감하는 사람이 많을 것이다.

반면 비올라는 이렇게 말한다. "사람들은 상처받지 않도록 철면피가 되라고 말해요. 그들이 말하지 않는 건, 철면피가 되면 마음속에 있는 어떤 것도 내보낼 수 없다는 거예요. 애정, 친밀감, 취약성 같은 거죠. 저는 그러고 싶지 않아요. 철면피는 더 이상 통하지 않아요. 저는 완전히 또는 적당히 투명해지고 싶어요."[1]

심오한 말이다.

뒤이어 그녀는 '자신의 이야기를 갖는 것'의 힘을 이야기했다. 대체 무슨 의미일까? 자신의 이야기를 갖는다고? 나에게는 레이키,* 요가, 사운드 볼 또는 다른 비非스콧 밀러적인 것들처럼 생소하게 들렸다.

그래서 깊이 생각하지 않았다.

다음 날까지.

나는 에릭 바커와 팟캐스트 인터뷰를 촬영 중이었다. 대화 말미에 그는 '자신의 이야기를 갖는 것'의 가치를 언급했다.

진짜로? 이틀 동안 두 번이나 같은 이야기를 듣는다고?

그날 밤 촬영을 끝낸 후 나는 아내와 같이 침대에 누웠다. 위층에서는 세 아들이 잠들어 있었다. 나는 아내에게 몸을 돌리며 "여보, 당신 자신에게 당신의 이야기를 한 적이 있어?"라고 물었다.

10시 무렵이었다. 그녀는 몸을 돌리며 졸린 목소리로 "응?"이라고 물었다.

나는 다시 물었다. "당신 자신에게 당신의 이야기를 한 적 있어? 그러니까 당신이 지나온 인생 여정에 대해서 말이야. 어떤 일을 했는지, 지금도 하고 싶은 일은 무엇인지, 자신에 대해서 어떤 믿음과 의문을 가졌는지, 어떤 실수를 했고, 무엇이 자랑스럽거나 수치스러운지 이야기한 적이 있어?"

나는 한창 이 주제에 몰두해 들뜬 참이었고, 아내는… 잠들어 있었다.

<aside>● 영기靈氣의 일본어로서 일본에서 생겨난 일종의 주술 치료법.</aside>

> "당신 자신에게 당신의 이야기를 한 적 있어? 그러니까 당신이 지나온 인생 여정에 대해서 말이야. 어떤 일을 했는지, 지금도 하고 싶은 일은 무엇인지, 자신에 대해서 어떤 믿음과 의문을 가졌는지, 어떤 실수를 했고, 무엇이 자랑스럽거나 수치스러운지 이야기한 적이 있어?"

흠….

나는 잠시 누워 있다가 일어나 주방으로 갔다. 시간은 거의 10시 30분이 되어가고 있었다. 나는 격자무늬가 들어간 플란넬 랄프로렌 사각팬티만 입은 채로(상상하게 만들어서 미안하다) 주방으로 가서 거품기를 집어들었다.

왜 거품기를 집어들었을까? 당연히 마이크 대용으로 쓰려고 그랬다. 나 자신을 인터뷰하기 위해서.

그렇게 나는 49세에 나 자신에게 난생처음으로 나의 이야기를 들려주었다. 혼자서, 소리 내어, 편집 없이, 어둠 속에서, 누구도 듣지 않는 가운데 인터뷰를 했다. 한 시간 넘게 거실을 빙빙 걸어다니면서 말이다. 거의 4년 전이지만 이 일은 내 머릿속에 생생하게 각인되어 있으며, 앞으로도 언제나 그럴 것이다.

처음에는 대략 이렇게 시작되었다. 제 이름은 스콧 밀러입니다. 마흔아홉 살이고요. 솔트레이크시티에서 살고 있습니다. 결혼해서 세 아들을 두고 있습니다. 나이는 각각 네 살, 여섯 살, 여덟 살입니다. 저는 프랭클린코비의 최고마케팅책임자이고, 거기서 22년 동안 일했습니다. 태어난 곳은 플로리다 주 윈터파크입니다. 우리 가족은 탄탄한 중산층이었습니다. 저보다 네 살이 많고 부모님이 가장 아끼는 아들인 형이 있습니다. 할아버지는 아버지가 겨우 열 살 때 암으로 돌아가셨습니다. 아버지의 쌍둥이 형제도 고등학교 때 소아마비에 걸려서 몇 년 동안 인공호흡장치의 도움을 받으며 고생하다가 결국 세상을 떠났습니다. 이 일로 할머니는 50년 동안이나 슬픔에 잠겨서 살았습니다.

저의 아버지에게는 사실상 부모가 없었던 셈입니다.

저의 어머니는 외딸입니다. 외조부모님은 알코올의존증에 시달렸습니다. 그에 따른 불확실성 때문에 이사를 자주 다녀야 했습니다. 가구와 가전기기가 차압당하기 전에 흔히 말하는 대로 한발 앞서 움직인 것이죠. 두 분 중 한 분은 우발적으로 자살하셨다고 들었지만 우리 집에서는 그 일을 이야기하지 않습니다. 그래서 제가 잘못 알고 있을지도 모릅니다.

저의 어머니 역시 사실상 부모가 없었습니다.

6학년 때 와일리 교장 선생님이 성적을 우등, 평균, 열등, 이렇게 세 등급으로 나누기로 결정했습니다. 이게 말이 됩니까? 혹시 소시오패스 아니세요? 열등이라고요? 말라깽이 스콧 밀러는 재수없게 당첨되어서 몇 년 동안 열등반을 다녔습니다. 욕해서 미안한데 ×× **진짜 장난해요? 열등하다고요?** 열한 살짜리더러 뭘 어떻게 하라는 겁니까?

저는 평생 말을 더듬었습니다. 정말이에요. 어렸을 때 언어

치료사를 찾아갔고, 수없이 언어장애 치료를 받았습니다. 치아교정을 두 번이나 했고, 교정용 헬멧까지 썼습니다. **너드 경보를 울리고 다닌 거죠!** 안 그래도 힘든 발음에 치아가 방해되지 않도록 아직까지 밤에 유지장치를 끼고 잡니다. 그래도 발음이 계속 새서 강연할 때 청중이 제 말을 알아들을 수 있도록 2명의 스피치 코치를 두고 있습니다.

저는 고등학교 때 대수학 1 수업을 세 번 수강했고, 기하학은 배우지 못했습니다. 대학교에서는 통계학 수업을 세 번 수강했고, 겨우 수료했습니다. 저를 좋게 본 교수님이 제게 아직 꽃피지 않은 다른 숨겨진 재능이 있음을 알아봐 준 덕분이었죠. 그래서 중국과 대만 관계에 대한 레포트를 쓰되 통계를 많이 넣는 조건으로 수료시켜주셨습니다. 제 기억에는 아마 D+를 받았을 거예요.

그날 밤, 나는 나 자신에게 소리 내어(천주교 신자니까) 다른 모든 죄악과 결점과 실수를 고백했다. 뒤이어 나 자신에 대해 부정적으로 생각하는 모든 것을 나열한 후 왜 그렇게 생각하는지 생각했다. 여전히 빙빙 돌면서, 거품기 마이크를 들고, 나 자신에게 내가 가졌던 믿음을 말하면서 속에 있던 생각을 더 많이 털어놓았다. 그다음에는 **왜** 그렇게 믿는지, 누가 그렇다고 말했는지, 그들의 동기는 무엇이었을지 추가로 털어놓았다.

그리고 모든 것을 다 털어놓았다는 생각이 들자마자 **자애심**(한 번도 글이나 말에 담은 적이 없는 단어다)에 빠져들었다. 나는 나 자신을 좋아하고, 사랑하기로 마음먹었다. 49세에 마침내.

뒤이어 나는 나 자신이 가졌다고 믿었던 모든 훌륭한 점을 말했다. 그리고 내가 믿게 되었던 모든 거짓을 마침내 털어냈다. 나는 몇 개는 사실 거짓이 아님을 인정했다. 그래도 내일부터 그것이 틀렸으며, 과거의 일임을 증명할 작정이었다.

다음 날, 나는 아이하트 라디오에서 주간 라디오 프로그램을 맡게 되었다. 열등한 말더듬이가 라디오 프로그램의 진행자가 된 것이다. 와일리 씨, 상상이나 해보셨어요? 그다음에는 도서 출판 계약을 맺었다. 그리고 7개월 동안 《실패한 경영에서 성공한 리더십으로》를 썼다. 이 책은 6주 연속으로 아마존 1위에 올랐으며, 북팔의 리더십 부문 우수도서상을 받았다. 그다음에는 팟캐스트 방송을 시작하여 여기에 나열할 필요가 없는 다른 훌륭한 성과를 이뤘다(겸손을 배우는 것은 거기에 포함되지 않는다).

이제 내가 무슨 말을 하려는지 알 것이다. 나 자신에게 나의 이야기를 들려주는 일은 내가 실제로 그 이야기의 다음 장으로 넘어가도록 해주었다. 그것도 그냥 장이 아니라 인생의 후반기를 최고의 시간으로 만들어줄 장이었다. 자신에게 자신의 이야기를 들려주는 것은 과거를 기억하기 위해서가 아니다. 새롭고 유혹적인 미래를 향해 나아가기 위해서다.

고마워요, 비올라 데이비스. 고마워요, 에릭 바커.

통찰

지금까지 이어진 당신의 이야기를 멈춰라. 테이프를 멈춰라. 당신은 누구의 이야기를 살고 있는가? 당신의 이야기인가, 와일리 씨의 이야기인가?

질문

오늘 밤, 이 책을 내려놓고 주방으로 가서(당신이 무엇을 입든 신경 쓰지 않는다) 거품기나 나무 숟가락 또는 주걱을 집어들 것인가? 무엇이든 상관없다. 당신 자신에게 당신의 이야기를 들려주어라. 혼자서. 어둠 속에서. 누구도 듣지 않는 가운데. 소리 내서. 편집하지 말고. 그러면 당신의 이야기에서 다음 장으로 넘어가게 될지도 모른다.

닫는 글

책이 끝나면 성공이 시작된다

이 책은 감사에 대한 혁신 통찰로 시작하여 자신의 이야기를 아는 것의 힘으로 끝난다. 이 둘은 30명의 마스터 멘토가 나눠주는 지혜를 배우는 우리 여정에 적절한 시작과 끝이다. 마지막으로 각각의 마스터 멘토가 들려준 지혜를 돌아보는 것이 좋을 듯하다. 모든 혁신 통찰을 아래 컬렉션의 중요한 부분으로 만들어주는 원칙, 관행, 속성, 전략을 말이다.

닉 부이치치 · **감사하라**

스테퍼니 맥마흔 · **태도가 곧 브랜드다**

데이브 홀리스 · **취약성을 드러내라**

수전 데이비드 · **감정적 민첩성을 발휘하라**

다니엘 핑크 · **최고점, 최저점, 반등을 파악하라**

캐런 딜론 · **모든 전략은 결국 바뀐다**

앤 차우 · **대화의 동기를 파악하라**

크리스 맥체스니 · **점수판을 만들어라**

다니엘 에이멘 · **뇌를 보호하라**

스탠리 맥크리스털 · **역사의 올바른 편에 서라**

킴 스콧 · **완전하게 솔직하라**

도리 클라크 · **발명하기보다 변주하라**

밥 휘트먼 · **섬기면서 리드하라**

수전 케인 · **모든 성격에 강점이 있다**

라이언 홀리데이 · **하지 않기로 했다면 지켜라**

넬리 갈란 · **실패를 널리 알려라**

레이프 바빈 · **극한의 오너십을 발휘하라**

스테드먼 그레이엄 · **스스로 정체성을 선택하라**

리즈 와이즈먼 · **멀티플라이어가 되어라**

제이 파파산 · **가장 중요한 단 하나는 무엇인가?**

세스 고딘 · **무모하지 말고 과감하라**

토드 데이비스 · **사람보다 관계다**

도널드 밀러 · **단순한 메시지가 이긴다**

M. J. 피에브레 · **효율성과 효과성 사이에서 균형 잡기**

휘트니 존슨 · **자신을 혁신하라**

트렌트 셸턴 · **능력의 관점을 취하라**

브렌든 버처드 · **우수한 결과를 대량생산하라**

스티븐 M. R. 코비 · **과감하게 중단하라**

낸시 두아르테 · **파워포인트 병을 치유하라**

에릭 바커 · **당신의 이야기를 들어라**

지금까지 틀림없이 경험했겠지만 각각의 통찰은 더 깊이 파고들어서 이면의 마스터 멘토를 더 많이 알아갈 가치가 있다. 편하게 아무 통찰이나 골라서 개인적·직업적 삶에 받아들이기 위해 노력해보라. 눈에 띄게 긍정적인 결과를 얻을 것이다. 많이 고민하지 말고 위에 나온 목록에서 대여섯 가지의 통찰을 고를 것을 권한다. 어떤 혁신 통찰이 당신을 얽매는 약점에 대한 잠재적 해결책으로서 관심을 끄는지 보라. 어떤 혁신 통찰이 창의성을 촉발하고 다른 일을 하게 하는지 보라. 어떤 혁신 통찰이 받아들였을 때 잠들어 있는 강점을 당신에게 도움을 주는 강력한 힘으로 끌어올릴 수 있는지 보라.

이 책을 끝이 아니라 시작으로 활용하면 분명히 내 삶에 강력한 영향을 미친 것과 비슷하게 심대한 통찰을 경험할 수 있다. 나는 하나의 통찰도 진정으로 터득하지 못했다. 그러나 이 통찰들은 내가 그 방향으로(거기**까지**) 부지런히 나아가는 북극성으로 떠올라 있다. 그러니 첫 주제와 마지막 주제가 제안하듯이 당신의 삶에서 '할 수 있는' 모든 일에 넉넉하게 감사하는 마음을 갖는 일부터 시작하라. 그다음 당신의 이야기를, 그리고 다음 장으로 넘어가는 일이 수반하는 것을 의도적으로 살펴라. 어떤 혁신 통찰이 당신에게 지속적인 여정을 위한 양식을 제공할지는 이제 당신에게 달렸다. 당신이 가고 싶어 하고 마땅히 가야 할 자리로 가는 데 그 통찰이 도움이 되기를 바란다.

마찬가지로 중요한 말로서, 이 책에서 풍부함과 취약성을 드러낸 30명의 친구에게 감사드린다. 그들은 우리 팟캐스트에 출연해주었을 뿐 아니라 내가 자유롭게 통찰을 선택할 수 있도록 해주었다. 내가 공감했고, 다른 사람들도 공감할 수 있으리라 생각되는 통찰을 말이다.

당신을 《거인들의 인생 법칙 2》에서 다시 만나기를 기대한다!

주

다니엘 핑크

1) Samuel E. Jones, et al., "Genome-Wide Associations Analyses of Chronotype in 697,828 Individuals Provides Insights into Circadian Rhythms," *Nature Communications* 10, no. 1(2019. 1), p. 343. doi:10.1038/s41467-018-08259-7.

캐런 딜론

1) Dan Rockwell, "93% of Successful Companies Abandon Their Original Strategy," Leadership Freak, 2017. 1. 10, https://leadershipfreak.blog/2017/01/10/93-of-successful-companies-abandon-their-original-strategy/.

크리스 맥체스니

1) Jim Harter, "Employee Engagement on the Rise in the U.S.," Gallup.com, 2018. 8. 26, https://news.gallup.com/poll/241649/employee-engagement-rise.aspx.

2) Alyssa Retallick, "The Cost of a Disengaged Employee," US |

Glassdoor for Employers, 2015. 5. 25, https://www.glassdoor. com/employers/blog/the-cost-of-a-disengaged-employee/.

스탠리 맥크리스털

1) Dexter Filkins, "McChrystal Is Summoned to Washington over Remarks," CNBC, 2010. 6. 22, https://www.cnbc.com/2010/06/22/ mcchrystal-is-summoned-to-washington-over-remarks.html.

2) Elizabeth A. Harris, "Simon & Schuster Names Dana Canedy New Publisher," *New York Times*, 2020. 7. 6, https://www.nytimes. com/2020/07/06/books/dana-canedy-named-simon-schuster-publisher.html.

도리 클라크

1) Malcolm Gladwell, *The Tipping Point: How Little Things Can Make a Bg Difference*, Kindle Edition(New York: Little, Brown & Company, 2013), p.38.

수전 케인

1) Julie Rains, "Insights from *Quiet: The Power of Introverts*," Working to Live Differently, 2018. 11. 26, https://www.workingtolive. com/insights-from-quiet-the-power-of-introverts/.

넬리 갈란

1) *On Leadership with Scott Miller*, "Episode #29 Nely Galán." SoundCloud, FranklinCovey, 2020, https://soundcloud.com/on-leadership/episode-29-nely-galan.

레이프 바빈

1) *On Leadership with Scott Miller*, "Episode #75 Leif Babin." Sound-Cloud, FranklinCovey, 2020, https://soundcloud.com/onleadership/episode-75-leif-babin.

2) *On Leadership with Scott Miller*, "Episode #75 Leif Babin."

스테드먼 그레이엄

1) Stedman Graham, *Identity: Your Passport to Success*(Financial Times/Prentice Hall, 2012), p.3.

2) Stedman Graham, *Identity*, p.3.

3) Stedman Graham, *Identity Leadership: To Lead Others You Must First Lead Yourself*(Center Street, 2019).

제이 파파산

1) Gary Keller and Jay Papasan, *The One Thing: The Surprisingly Simple Truth Behind Extraordinary Results*, Kindle Edition(Austin, TX: Bard Press, 2017), p.9.

2) Gary Keller and Jay Papasan, *The One Thing*, p.25.

브렌든 버처드

1) Brendon Burchard, "High Performance Habits: Excerpts," Brendon.com, 2020. 4. 3, https://brendon.com/blog/high-performancehabits/.

2) Brendon Burchard, *High Performance Habits: How Extraordinary People Become That Way*(Carlsbad, CA: Hay House, Inc. 2017).

에릭 바커

1) Brené Brown, "Courage and Power from Pain: An Interview with

Viola Davis," Brenebrown.com, 2019. 6. 27, https://brenebrown.com/blog/2018/05/09/courage-power-pain-interview-viola-davis/.

찾아보기

286

거인들의
인생 법칙